monnaies régionales

Bernard Lietaer
Margrit Kennedy

Préface de Michel Rocard

Monnaies régionales

De nouvelles voies vers une prospérité durable

Traduit de l'allemand par Vincent Guimard

Éditions Charles Léopold Mayer
38, rue Saint-Sabin Paris (France)

Les Éditions Charles Léopold Mayer, *fondées en 1995, ont pour objectif d'aider à l'échange et à la diffusion des idées et des expériences de la Fondation Charles Léopold Mayer pour le progrès de l'homme (FPH) et de ses partenaires.*
*Initié et soutenu par la FPH, l'***IRE** *est un lieu de débat, de dialogue, de réflexions et de propositions visant à favoriser l'émergence de nouvelles propositions économiques.*

Les auteurs

Bernard Lietaer *a travaillé dans le domaine des systèmes monétaires pendant 30 ans. Il y a occupé des fonctions très variées : banquier central, président de système de paiements électroniques, gérant de fonds de monnaies, professeur de finance internationale, conseiller auprès d'entreprises multinationales et de gouvernements. Il est l'auteur, entre autres, de* Future of Money, *traduit en 18 langues. Vous trouverez davantage d'information sur sa solution à la crise sur www.lietaer.com.*
Margrit Kennedy *était la première femme professeur d'architecture et d'urbanisme en Allemagne, et la première à se spécialiser en techniques de construction écologique. Elle vit dans un village écologique près de Hanovre dont elle a été co-fondatrice, et où les premières expériences de permaculture en Europe ont été réalisées.*
Leur livre conjoint dans sa version originale allemande Regionalwährungen, *a été la base du lancement de 63 projets de monnaies régionales en pays germanophone, dont 28 sont opérationnels en 2008.*

Dépôt légal, novembre 2008
Essai n° 172 * ISBN : 978-2-84377-144-6
Graphisme : Madeleine Racimor
Mise en page : Colombe de Panafieu

Préface

La crise financière qui s'est déchaînée sur le monde en 2008 est d'une échelle et d'une complexité sans précédent. La récession qui s'annonce promet d'être longue, dure, la plus difficile depuis les années 1930. À l'époque, nous avons assez mal géré la situation économique et ses retombées socio-politiques. Cela a entraîné une vague de fascisme couronnée par la Seconde Guerre mondiale. Il est impératif de faire mieux. Ce petit livre dévoile une stratégie peu orthodoxe peut-être, mais pragmatique et capable d'engendrer une mutation systémique salutaire. Or, il nous faudra précisément des idées systémiques et nouvelles pour affronter cette crise et ses conséquences, même si elles ne sont pas orthodoxes, car après tout c'est l'orthodoxie qui nous a plongés dans les difficultés actuelles…

Le titre du premier chapitre du livre de Bernard Lietaer et Margrit Kennedy « Une Europe des régions » n'a rien de si inquiétant.

Il relève même d'une pensée largement partagée par une majorité de nos concitoyens. Car l'Europe est bien mal en point ces derniers temps et l'idée de rechercher dans la dimension ou les structures régionales les moyens d'un renforcement paraît sympathique à beaucoup. Mais la thèse, développée dans ce livre par Bernard Lietaer et Margrit Kennedy, encourageant l'introduction de monnaies régionales comme compléments nécessaires à l'euro peut au premier abord sembler étrange voire provocante.

L'euro est une monnaie. Comment une monnaie peut-elle avoir besoin de compléments ? Où a-t-on vu des monnaies cohabiter et servir alternativement aux échanges, au gré du porteur ? Au contraire, notre dernier souvenir, commun à plus de 300 millions d'européens, reste une belle nuit du jour de l'an où tous les francs, les marks ou les lires que nous avions dans nos poches ont vu leur valeur réduite à zéro, pendant que de nouvelles coupures se sont trouvées, par une décision qui confinait au miracle, porteuses d'une valeur symbolique. Cette valeur, calculée quelques mois plus tôt dans un rapport à chacune de nos monnaies précédentes, atteignait la cinquième décimale et dans le cas de notre franc multiséculaire s'illustrait par le nombre 6,55957 ! Un tel degré de précision était gage de sérieux. Quant à la mise en scène de cette méga opération, elle laissait clairement entendre qu'il n'était pas concevable que les deux monnaies coexistent durablement.

Au-delà de ces souvenirs pratiques, on peut penser que de manière générale, un pays digne de ce nom a une monnaie qui se tient, et en tous cas, qu'il n'en a qu'une. Cette monnaie est au demeurant une composante majeure de l'identité du pays en cause. C'est évident pour le dollar mais aussi pour le mark. Il faut, à ce titre, souligner l'audace et l'importance du choix allemand de renoncer au mark pour se rallier à une création radicalement nouvelle : l'euro.

Quel esprit original, sinon marginal, peut proposer de s'éloigner d'un système aussi simple et aussi évident ? Surprise : bien loin de s'illustrer comme singulier, Bernard Lietaer est un universitaire classique, professeur en finance internationale en Europe et aux États-Unis. Il a fait carrière à la banque centrale de Belgique, où il a été notamment responsable de la conception et de la mise en œuvre de l'ECU, le système de convergence qui a abouti à l'euro. Technocrate de la banque, il fut formé dans un des moules les plus traditionnels du système, celui des banques centrales.

Le message que Bernard Lietaer et Margrit Kennedy entendent faire passer aujourd'hui est surprenant d'abord parce que son acceptation suppose une révision drastique de certaines informations que nous prenions pour des connaissances acquises.

La longue bataille politique qui a conduit nos pays d'Europe à adopter une monnaie unique émise par une autorité centrale est beaucoup plus le signe d'une volonté centralisatrice, d'un combat pour réduire voire supprimer l'autonomie et donc le pouvoir ou l'influence des princes, c'est-à-dire des régions, que la traduction d'une modernité ou d'une meilleure efficacité. Beaucoup d'entités politiques ont vécu longtemps avec un système monétaire dual. Ainsi l'Ancien Régime français, du haut Moyen-Âge aux XVe et XVIe siècles a vu pendant plus de cinq cents ans la monnaie royale centrale, faite le plus souvent de pièces d'or et d'argent, complétée par des monnaies locales et régionales. Celles-ci étaient souvent produites en métaux semi-précieux comme le bronze, le cuivre, le plomb ou le fer. Par exemple, les méreaux, qui étaient utilisés pour beaucoup de paiements courants étaient émis par des villes, des abbayes, des organisations caritatives locales ou par la noblesse provinciale.

D'une toute autre manière, la Confédération helvétique a vu naître en 1934 une coopérative désireuse d'intensifier et de faciliter les contacts et les transactions entre petites et moyennes entreprises. Elle a émis une monnaie de compte, le WIR, l'équivalent d'un franc suisse. En soixante-dix ans, le volume annuel des WIR en circulation a atteint 1 700 millions de francs suisses, ce qui est petit mais certainement pas négligeable. Un expert financier américain a démontré que le WIR contribue significativement à la notoire stabilité économique suisse : il survit, sans plus, lorsque l'économie helvétique est en croissance nette, mais prospère et se développe lorsque l'économie nationale ou globale stagne ou régresse ce qui lui confère une fonction de refuge incontestable. Bref, il renforce spontanément le travail des banques centrales ! Vous découvrirez bien d'autres monnaies de ce type à la lecture de ce livre.

Le pouvoir monétaire prend dans nos économies contemporaines une importance telle qu'il a réussi à imposer une vision politiquement correcte de sa nature et de son histoire. Dans cette vision conventionnelle, la monnaie est un ensemble de signes permettant de procéder à l'échange, ayant une définition unique pour un territoire donné et portant signature de l'autorité centrale de ce territoire. Cette monnaie est considérée comme neutre, c'est-à-dire sans influence sur la nature et la valeur des échanges qu'elle permet. Pour l'essentiel tout cela est faux ! Les systèmes monétaires multiples, ou au moins duaux, semblent avoir été au cours de l'histoire au moins aussi fréquents que les systèmes à monnaie unique. Toute monnaie est en constante variation. Lorsque des systèmes d'unités monétaires différents cohabitent, ils servent d'instruments à des échanges de produits ou de services variés et ne remplissent absolument pas dans les mêmes conditions les fonctions de monnaie de compte et encore moins celles de réserve de valeur.

Mais ici, l'essentiel est bien de percevoir que toute référence monétaire a des vertus propres, et qu'en les mettant en évidence au lieu de les oublier, on peut les valoriser et ainsi les dynamiser. Il y a déjà, en ce début de XXIe siècle, une expérience très connue qui permet de percer ces mystères monétaires oubliés et qui m'autorise à vous interpeller, c'est le système des « miles » de fidélité accordés par les compagnies aériennes à leurs voyageurs où chaque client dispose d'une réserve dans laquelle il peut puiser pour convertir ses miles en billet d'avion. Nous sommes indiscutablement en présence d'une monnaie, le fait qu'elle ne recouvre qu'un champ extrêmement spécialisé n'y change rien, même si notre auteur ne s'y intéresse que bien peu. Il reste qu'il y a là aujourd'hui une « réserve » de plusieurs milliers de milliards de kilomètres, dont l'usage se révèle être un énorme dopant pour le transport aérien.

Plus subtils, même s'ils n'ont pas atteint une pareille dimension et il s'en faut de beaucoup, sont les systèmes monétaires dont l'instrument d'échange est une unité de temps : « Je te fournis une heure d'aide en contrepartie de laquelle quelqu'un de notre communauté me fournira une heure d'aide. » Les types de savoirs rares ou en passe d'être oubliés peuvent se trouver revalorisés de cette manière. Or, la remise en circulation de savoirs inattendus se révèle être un moyen utile de lutter contre le sous-emploi.

Bref le message de Bernard Lietaer est surprenant mais simple et clair. Le champ mondial de nos grandes monnaies contemporaines les conduit à cesser de valoriser des ressources ou des savoirs marginalisés par le vaste mouvement de mondialisation qui marque notre époque. Réveiller ces savoirs, revaloriser ces ressources est un moyen puissant d'améliorer le niveau local de l'emploi, d'intensifier le dynamisme européen par la mise en œuvre d'un niveau régional actif, efficace et capable d'initiative. La création de monnaies régionales peut être une forte contribution dans ce sens. C'est d'ailleurs parce que les Allemands sont convaincus de ce raisonnement que depuis quelques années, se crée sur le territoire de la République fédérale, plusieurs dizaines de monnaies régionales ou « regios ». L'affaire vaut bien d'être tentée plus largement en Europe.

Michel Rocard

1.
Une Europe des régions

Globalisation : il n'est pas de notion qui ait autant polarisé les hommes, quelle que soit leur position sociale, et avec autant de force, pendant ces dix dernières années. Le concept est pourtant déjà ancien. Au fond, les pratiques de la flotte marchande phénicienne tout comme les bouleversements économiques qui ont suivi les découvertes de Vasco de Gama, Christophe Colomb ou Sheng He peuvent être considérés comme des formes primitives de la globalisation. La politique de certains empires commerciaux, telle la Compagnie hollandaise des Indes orientales, ou les phénomènes qui ont accompagné et suivi la révolution industrielle, sont eux aussi à l'origine de systèmes comparables à la globalisation actuelle.

Mais ce qui fait de cette globalisation, qui a débuté après la chute du mur de Berlin, un phénomène inédit, c'est qu'elle opère d'une manière plus large, plus rapide et plus profonde qu'aucune autre évolution économique antérieure.

D'un point de vue technique, ce dernier avatar de la globalisation pourrait être défini comme l'ensemble des efforts visant à écarter tout obstacle entravant le libre-échange des biens, des services et du capital, indépendamment des frontières nationales.

De quoi est-il vraiment question ici ? De biens, de services, de capital. Pas d'êtres humains. Pas plus que de leur bien-être ou de celui d'autres formes de vie avec lesquelles nous partageons cette planète.

Globalisation ou rien ?

Le processus de globalisation qui est en œuvre depuis une vingtaine d'années suscite autant l'assentiment que la méfiance. « Il est, pour certains, synonyme de liberté, d'autres voient en lui l'annonce d'un destin intolérable qu'on leur impose sans leur demander leur avis [1]». Entre temps, une véritable industrie s'est constituée autour des publications sur ce thème, livrant à l'opinion publique les arguments des partisans et des adversaires de la globalisation. Parmi les arguments de ses partisans, on retrouve typiquement des slogans tels que l'efficacité de l'économie de libre marché, la possibilité d'accéder aux biens et aux services dans le monde entier, la modernisation de structures et d'habitudes surannées. Les adversaires, quant à eux, mettent en avant l'accentuation des écarts entre riches et pauvres, l'exaltation de la consommation et la perte de substance des traditions, des cultures et des identités qui en résulte.

Au centre des reproches formulés contre la globalisation, on trouve le rejet d'un « fondamentalisme de marché », c'est-à-dire la négligence des besoins essentiels des hommes que le modèle simpliste de l'*Homo economicus* ne prend pas en considération, tout orienté qu'il est vers le rendement maximal. En retour, on reproche souvent aux adversaires de la globalisation de rester du côté de la critique, sans proposer de solutions réalistes.

Chaque camp a, d'une certaine manière, raison : comme le notait l'économiste classique Stewart Mills, « on voit toujours

1. Baumann (Z.), Globalization : The Human Consequences, Cambridge, 1998, p. 2.

juste dans ce que l'on critique, mais on se trompe dans ce que l'on oublie de prendre en considération ».

La globalisation vue par George Soros

George Soros est un milliardaire d'origine hongroise qui a fait fortune aux États-Unis dans la spéculation monétaire à très grande échelle. Il a développé, entre autres, une théorie originale sur les mécanismes des marchés financiers [2]. Il est devenu un philanthrope très actif pour aider les pays de l'Europe de l'Est à se libérer des séquelles du communisme après la chute de l'Union soviétique. Son avis est intéressant car on ne peut le suspecter d'être politiquement « de gauche »…

Dans son livre *On Globalization*, il affirme : « Le commerce international et les marchés financiers globaux ont fait la preuve de leur capacité à créer de la richesse, mais ils ne sont pas en mesure de satisfaire un certain nombre de besoins sociaux. Parmi ceux-ci, on trouve le maintien de la paix, la réduction de la pauvreté, la protection de l'environnement, l'amélioration des conditions de travail ou le respect des droits de l'homme : ce que l'on appelle, en somme, le bien commun [3]. »

Les déséquilibres produits par le marché ne sont pas un motif suffisant pour diaboliser le mécanisme en tant que tel. Car, en définitive, aucun autre système dans l'histoire de l'humanité n'a fait preuve d'une telle capacité pour créer de la richesse. Il devrait donc également fournir le potentiel pour atténuer la misère, l'ignorance, la maladie et la souffrance dans lesquelles vivent encore trop d'êtres humains. On ne pourra pas régler la question

2. Soros (G.), *The Alchemy of Finance*, Weidenfeld and Nicolson, London, 1988.
3. Soros (G.), *On Globalization*, New York, 2002.

de la pauvreté en détruisant un système qui crée de la richesse, pas plus qu'on éliminera la criminalité en abrogeant les lois. Si le système génère des déséquilibres, cela doit plutôt nous amener à poser la question de savoir si la manière dont il fonctionne actuellement est la seule possible. Bref, la véritable question n'est pas de savoir si la globalisation est « bonne » ou « mauvaise », mais si l'on peut élaborer un modèle de mondialisation dans lequel tous les participants seraient gagnants. Le but ultime de ce livre est de proposer un tel modèle.

Par ailleurs, on admet de plus en plus que des problèmes globaux tels que le changement climatique, l'extinction de milliers d'espèces ou la gestion de nos ressources appellent des solutions globales et d'envergure. Donc, quoi que l'on fasse, on ne peut plus se permettre d'ignorer la dimension mondiale. Si l'on se pose pour défi l'élaboration d'un nouveau modèle de globalisation, on se doit de trouver une solution à chacun des problèmes suivants :

– Comment atteindre un développement durable à l'échelle mondiale, dont l'humanité pourrait profiter sans hypothéquer la diversité et les identités culturelles ?

– Comment mettre en harmonie les aspects purement économiques de l'activité humaine avec d'autres besoins tels que ceux définis dans les droits universels de l'homme ?

– Existe-t-il des alternatives réalistes pour l'économie du futur qui permettraient de jouir des avantages de la globalisation contemporaine sans pour autant payer le prix de ses effets indésirables ?

En bref, ce qui a manqué jusqu'ici est un modèle de développement concret, crédible et cohérent, une contre-esquisse à la forme actuelle de la globalisation, répondant aux attentes légitimes de ces milliards d'hommes qui, actuellement, n'en subissent que les conséquences négatives. Il faut nous rendre à l'évidence : ce qui est en jeu dépasse le seul développement économique. Louis Brandeis, juge à la Cour Suprême des États-Unis, martelait cette phrase qui mérite réflexion : « On peut avoir soit une société démocratique, soit une société dans laquelle la richesse est concentrée entre les mains de quelques-uns, mais pas les deux en même temps. »

Un premier pas consisterait à redéfinir la notion de globalisation comme la création d'un réseau d'échanges de plus en plus dense entre les économies nationales, les sociétés et les cultures du monde entier en vue d'améliorer les conditions de vie et les perspectives de développement de tous les humains, mais en respectant la diversité culturelle et le droit à la vie des êtres avec lesquels nous partageons cette planète. Bref, nous avons besoin d'une mondialisation qui engendre une planète qui fonctionne pour tout le monde.

Ce livre émet un certain nombre de propositions pratiques pour atteindre cet objectif. Il n'est pas question ici de bloquer le processus de mondialisation car certains de ses aspects sont désirables et même nécessaires. Nous proposons plutôt de canaliser son énergie dans un sens qui soit favorable à un développement d'ensemble. Nous pensons que le chemin le plus praticable pour y parvenir est de contrebalancer le processus de globalisation par un processus de régionalisation qui redynamiserait chaque région du monde. C'est ainsi que pourrait être contrecarrée une perception purement « économiciste » des relations humaines qui rendrait compte de notre diversité culturelle.

Nous avons la possibilité de mettre en œuvre ce modèle, dès à présent, en formant une Europe des régions.

Pourquoi une Europe des régions ?

L'Europe n'est qu'une petite tache sur le globe terrestre : on y expérimente et réalise pourtant l'une des stratégies de gouvernance parmi les plus prometteuses qui soient. Nous prendrons ici clairement le parti d'une *Europe des régions*, différente de l'*Europe des Nations* à laquelle le Général de Gaulle s'était attaché. Nous étayerons notre point de vue en développant successivement dans le reste de ce chapitre les quatre points suivants :

1. Une Europe des régions s'appuierait sur un engagement stratégique en faveur du développement régional déjà bien établi dans l'Union européenne depuis plusieurs décennies. Elle serait un moyen de préserver la grande diversité culturelle, religieuse et écologique qui a enrichi l'espace européen au fil du temps.

2. L'Europe des régions est le modèle de développement le mieux à même de faire face aux défis du XXIe siècle.

3. En dehors de ce modèle, peu d'alternatives s'offrent aux décideurs européens.

4. Une Europe des régions serait un modèle de croissance qui profiterait non seulement aux Européens, mais qui pourrait se révéler utile également à des milliards de non-Européens, en leur fournissant une alternative réaliste au processus de globalisation actuellement en cours.

L'argument de la continuité stratégique

Depuis des décennies, l'Union européenne a tout particulièrement encouragé le développement régional, en suivant le principe de subsidiarité, un principe novateur appliqué systématiquement au cœur de son action. Ce néologisme – le terme n'a émergé qu'au début du XXe siècle – signifie que l'ensemble des fonctions politiques doivent être déléguées au plus bas niveau possible de la hiérarchie de gouvernance. Il vise à assurer une prise de décision la plus proche possible du citoyen. L'Union européenne n'agit que lorsque son action est plus efficace qu'une initiative à l'échelle des États membres. Cela signifie également que l'État-nation est supposé déléguer tous les problèmes de portée plus locale à des autorités régionales, aux municipalités ou aux communes, chaque fois que cela se justifie.

La création en 1991 d'une assemblée des représentations des entités locales et régionales au sein de l'Union européenne, le Comité des régions, chargé de prendre en considération la dimension régionale dans l'élaboration des politiques communes, est significative dans ce contexte.

Le Comité des régions

Déjà en 1960, l'Assemblée parlementaire européenne (le précurseur du Parlement européen), avait proposé la création d'un « Comité consultatif des économies régionales ». L'Acte unique européen de 1986 a souligné encore davantage l'importance du développement régional dans la réalisation d'un marché unique pleinement opérationnel. De même, la Commission de l'Union européenne concluait en 1990 qu'une Europe des régions est un pilier fondamental pour continuer le processus d'intégration. Enfin, la décision du Conseil européen de Maastricht des 9 et 10 décembre 1991 a formellement institutionnalisé cette idée avec la création du Comité des régions (CDR) avec deux fonctions principales :

– contribuer à façonner les lois européennes du point de vue de leur impact sur les régions ;

– agir comme un lien direct entre Bruxelles et les citoyens européens.

En 1995, le Comité des régions s'est explicitement défini comme « gardien de la subsidiarité » (CdR I 36/95 mieux connu sous le nom d'« Avis Pujol »).

Il y a vingt ans, la politique de cohésion touchait 275 millions de citoyens européens dans 176 régions avec un budget de 5 milliards d'euros. En 2008, elle concernait 490 millions de citoyens dans 268 régions, avec un budget de 40 milliards d'euros. Quand on tient compte des différents fonds qui visent à promouvoir la politique de cohésion, on s'aperçoit que plus d'un tiers du budget de l'Union européenne est maintenant alloué à cette politique. Entre 2007 et 2013, quelque 374 milliards d'euros seront ainsi investis, dont plus de 80 dans les régions les plus pauvres. Parmi les résultats significatifs, mentionnons la réduction de l'écart entre les 20 % de régions les plus riches et les 20 % les plus pauvres, le rapport étant passé de 4,1 à 3,4. Les progrès réalisés en Irlande, en Grèce, en Espagne, au Portugal, et plus récemment, ▷

dans les pays Baltes sont impressionnants. Malheureusement, ces pays sont également parmi les plus touchés par la crise de 2008, ce qui fait que ce que nous proposerons dans ce livre est important s'ils veulent préserver leurs récents acquis.

Quelques-unes des actions les plus heureuses entreprises par l'Union européenne doivent beaucoup au principe de subsidiarité grâce auquel les régions les plus défavorisées ont bénéficié d'un financement et d'une sollicitude constante. On y voit l'occasion d'échanges plus riches, plus démocratiques entre les États. Est-ce que l'Écosse, la Bretagne et la Galice n'ont pas davantage à apprendre l'une de l'autre que ce que Londres, Paris ou Madrid peuvent discuter et décider en leur nom ?

Notre proposition d'encourager une Europe des régions ne ferait donc que poursuivre et approfondir ce qui, en tout état de cause, est déjà un principe directeur de l'Union européenne. Cependant, il existe un outil qui se révèlera indispensable pour favoriser réellement le développement régional et qui est resté complètement négligé jusqu'à présent. Nous allons en effet démontrer dans les deux chapitres suivants pourquoi et comment l'utilisation de monnaies régionales – des « regios », circulant en complément avec l'euro – se révèle nécessaire à un développement régional équilibré. Ceci implique que, pour atteindre l'objectif d'un authentique développement régional, il faudra nécessairement revoir l'idée du monopole de l'euro comme monnaie d'échange.

Les défis du XXIe siècle

Nous allons au XXIe siècle être confrontés à des problèmes dont la complexité et l'urgence vont atteindre des dimensions jusqu'ici inconnues. On peut évoquer le changement climatique, la dégradation de l'environnement, le chômage structurel qui accompagne la fin de l'âge industriel ou le vieillissement sans précédent de la population. Des changements fondamentaux auront lieu dans tous les domaines, qu'on le veuille ou non, dans notre manière de gérer notre monde. En même temps, on découvre une incertitude croissante, à la fois dans les pays les plus riches et dans les plus pauvres, sur le chemin à choisir. Et pour le moment, ce que nous avons sous la main pour gérer ces défis, c'est une structure de gouvernance vieille de plusieurs siècles, l'État-nation. Même à l'échelle globale, c'est trop souvent par le biais des États que l'action est menée, comme c'est le cas aux Nations unies. Nous sommes d'avis que des problèmes tels que ceux qui viennent d'être évoqués ne pourront être réglés qu'à l'échelle globale. Les questions posées par la gouvernance mondiale ont été traitées de manière compétente ailleurs, notamment par Pierre Calame[4]. Nous ne revisiterons pas ce sujet ici.

Nous nous concentrerons sur l'autre bout de la problématique de la mondialisation : les mécanismes à l'échelle inférieure à celle de l'État-nation, mécanismes qui sont utiles – même nécessaires – pour relever les défis d'aujourd'hui. Nous montrerons que des questions sociales comme l'assistance aux enfants ou aux personnes âgées, la lutte contre le chômage structurel ou celui des jeunes, les besoins d'apprentissage massifs pour nous adapter aux changements mondiaux et la protection et la restauration de l'environnement peuvent tous être traités plus efficacement et avec plus de souplesse grâce à des innovations régionales. Nous ne prétendons évidemment pas que l'Union européenne et ses États membres se dessaisissent de ces questions. Nous voyons plutôt des initiatives régionales complémentaires aux initiatives de portée nationale, européenne ou mondiale. Comme expliqué dans l'encadré suivant, une des clés de la gouvernance du XXIe siècle sera de faire coopérer les gouvernances à chaque niveau et non de les opposer.

4. Calame (P.), *Pour une gouvernance mondiale efficace, légitime et démocratique*, Paris, Éditions Charles Léopold Mayer, 2003.

Les besoins d'une gouvernance nouvelle pour le XXIe siècle d'après Pierre Calame

Pierre Calame a dressé un inventaire très complet des principes qui devraient nous guider vers une nouvelle gouvernance, pour faire face aux défis de notre temps[5]. Certains de ces principes sont directement applicables à notre propos. Par exemple :

– Au XXIe siècle, la citoyenneté est fondamentalement plurielle. Chaque humain est, par définition, actif au niveau local, régional, national, méta-national (par exemple, européen) et mondial. Le seul moyen d'éviter que l'identité ne devienne une base de conflits (comme cela s'est déjà passé en Inde, en Afrique, dans les Balkans, au Moyen-Orient) est de reconnaître le droit à la diversité à tous les niveaux de gouvernance. L'important est de ne plus opposer ces niveaux mais de les faire coopérer.

– Déjà aujourd'hui, la majorité des problèmes, qu'il s'agisse de l'éducation, de l'eau, de l'environnement, de la cohésion sociale ou de la recherche, ne peuvent être résolus à un seul niveau. Toute solution efficace utilise des relations de gouvernance à plusieurs échelles simultanément. Le mécanisme de coopération entre niveaux local, régional, national et international est une clé centrale de toute architecture de gouvernance future.

– Le degré d'interdépendance qui lie les êtres humains, les différentes cultures et la biosphère a été complètement bouleversé dans le courant des deux derniers siècles. Ce qui se passe dans un coin de la planète a des répercussions partout ailleurs, parce que l'information, les gens, les styles de vie et les produits circulent et s'interconnectent comme jamais cela n'a été le cas auparavant. À la fin du XXe siècle, les nations, les entreprises, les marchés et la démo-

5. Synthèse de Pierre Calame, *Principles of Governance in the 21st century*, Fondation pour le Progrès de l'Homme (Note de travail, 2008). Voir aussi http://www.fph.ch/fr/strategie/thematique/integration-regionale.html

cratie représentative sont devenus des concepts pratiquement universels. Et pourtant, on peut s'attendre à ce que, d'ici la fin du XXIe siècle, aucun de ces concepts ne garde son importance actuelle car ils ne se seront pas capables d'organiser les nouvelles relations entre les individus, les cultures et la biosphère.

– Il est probable que le XXIe siècle sera celui de l'ère des villes et des régions, exactement comme le XXe était celui de l'ère des entreprises et des États. La ville et la région deviendront ainsi le fondement de la gouvernance future. On observe déjà ce phénomène dans le développement de villes-États comme Singapour, ou Shanghai en Chine, ou encore de régions comme la Silicon Valley en Californie ou l'Emilia-Romana en Italie. Leur importance va bien au-delà de l'économie. Plus on tient compte de la réalité dans toute sa complexité, plus il devient nécessaire de trouver des solutions intégrées qui relient les sociétés humaines à l'écosystème dans lequel elles opèrent. Les régions sont plus aptes à réaliser une telle intégration que la nation, et surtout à tirer avantage des caractéristiques qui leur sont propres.

– L'information est un des systèmes essentiels à toute gouvernance. Or, la génération de l'information est contrôlée par des institutions qui, inévitablement, impriment leur marque à ce que l'on mesure et à quelle échelle ces mesures sont collectées, agglomérées et représentées. La perception qu'une communauté a d'elle-même est critique dans tout processus. Or, les systèmes actuels ont tendance à extraire beaucoup d'informations d'une communauté, mais il est rare que ces informations lui soient rendues. Il sera donc nécessaire d'encourager la collecte et la diffusion de l'information appropriée à chaque échelle de gouvernance, y compris le local et le régional. De même, les autorités publiques doivent accepter et encourager la production autonome d'information aux différents niveaux parce que cela deviendra de plus en plus essentiel pour une démocratie fonctionnelle.

L'idée de la nécessité d'encourager la création d'un niveau régional de gouvernance pour étayer un essor économique ou social n'est donc pas originale ou nouvelle. La nouveauté, dans ce que nous présenterons, réside simplement dans le fait d'attirer l'attention sur un outil indispensable – pourtant généralement ignoré – pour atteindre ce but : l'introduction de monnaies régionales, grâce auxquelles les régions seraient en mesure de résoudre de nombreux problèmes, sans peser sur le contribuable local ou sur les budgets nationaux. En fait, un système monétaire n'est autre qu'un système d'information spécialisé au niveau où il opère ; il s'avère que c'est aussi le système d'information le plus important dans une économie de marché. Une telle stratégie aurait également comme avantage une grande flexibilité, ainsi que d'encourager des expérimentations et innovations qui, presque par définition, peuvent être plus diversifiées au niveau des régions qu'au niveau national ou supranational.

Enfin, ces instruments ont déjà prouvé qu'ils permettent de recréer un tissu de relations solidaires et communautaires au niveau régional et local, tissu qui peut se révéler vital pour faire face aux mutations imprévisibles qui nous attendent.

Le rôle de la communauté dans une ère d'incertitudes

Les civilisations anciennes étaient obsédées par la crainte des catastrophes naturelles : tremblements de terre, inondations ou famines. De façon générale, les hommes géraient ces craintes de deux manières. Ils personnifiaient les forces de la nature sous la forme de divinités dont ils cherchaient à s'attirer les faveurs par des rites et des cultes et ils constituaient des communautés solidaires, afin de dépasser la faiblesse de l'individu face aux coups du destin. Nos sociétés contemporaines sont, elles aussi, hantées par la crainte de forces qu'elles ne maîtrisent pas : un crash financier, le chômage, l'évolution technologique et les risques qu'elle présente, le changement climatique, la mondialisation. Les progrès de la science nous ont fait perdre la croyance mythologique et nous ont amenés à gérer

ces angoisses de manière psychologique. Mais, plus grave, nous avons aussi laissé se dégrader la solidarité communautaire.
Nous verrons dans certaines expériences de monnaies complémentaires qu'elles permettent de recréer des communautés locales. C'est souvent même le but principal et le résultat effectif de ces initiatives.

Le manque d'alternatives

Le décollage économique des régions semble la seule solution qui permettrait d'assainir la situation dans laquelle l'Europe s'est mise. Le pacte de stabilité, une condition imposée aux États membres pour l'introduction de l'euro, avait initialement comme seul objectif celui de limiter l'inflation. Il limite, maintenant que nous sommes confrontés à une récession sérieuse, les options de relance économique par l'accroissement des déficits des États européens. Ce que nous proposons pourrait être vu comme un modèle de relance keynésien adapté aux régions mais avec une différence importante : il s'agit d'une approche qui ne contribue pas à la création de nouveaux déficits, que ce soit au niveau régional ou au niveau national. Nous verrons aux chapitres 4 et 5 pourquoi et comment cela est possible.

L'importance politique de cette option apparaît si l'on comprend que nous sommes en train de vivre le passage d'un modèle de croissance à un autre. Nous n'assistons pas seulement à l'avènement, si souvent annoncé, de l'ère de l'information et de l'économie du savoir, nous commençons aussi à ressentir les effets de la fin de l'ère industrielle. C'est, ainsi, un problème de perspective qui se pose à nous tous, les pays dits « développés » autant qu'à ceux en voie de développement. En bref, nous devons considérer tous les pays comme « en voie de développement » dans une ère postindustrielle.

On pourrait retrouver un changement de paradigme économique d'une même ampleur dans la période charnière entre la fin de l'ère agraire et l'essor de l'ère industrielle. Ce genre de transition est loin de se faire sans douleur. Souvenons-nous du sort des paysans et des métayers à la fin de l'âge agraire. Même les propriétaires fonciers, qui constituaient alors l'élite, ont vu leurs valeurs, leur pouvoir et leurs traditions graduellement réduits à l'insignifiance.

L'économie japonaise a peut-être quelque chose à nous apprendre : elle a été la première à avoir souffert du syndrome de la fin de l'ère industrielle, au tournant des années 1990. Il est intéressant de noter que, après avoir épuisé sans succès toutes les méthodes traditionnelles de relance de l'économie, le Japon s'applique aujourd'hui à l'expérimentation systématique de monnaies complémentaires et régionales : ce pays est ainsi devenu un immense laboratoire où différents modèles de monnaies complémentaires et régionales sont sur le banc d'essai. Ce sera le sujet du chapitre 8 [6]. L'Europe peut-elle encore ignorer longtemps l'expérience du Japon dans ce domaine ?

L'attrait international des modèles régionaux et de la diversité culturelle

Les conséquences de l'adoption par l'Europe d'un nouveau modèle de développement fondé sur la relance économique par les régions ne peuvent être jugées que dans le contexte de la mondialisation. Il n'y pas qu'en Europe que l'on se demande où nous mène la globalisation et la crise actuelles. Cela soulève des questions d'une telle complexité que l'individu seul ne peut en mesurer les conséquences.

Une des contributions les plus intelligentes à ce débat vient du responsable d'une organisation religieuse : Jonathan Sacks, le rabbin supérieur de la United Hebrew Congregation of the Commonwealth, que nous aimerions citer ici.

6. Pour plus de détails, voir aussi dans Bernard Lietaer, "Complementary Currencies in Japan: History, Originality and Relevance", *International Journal for Community Currency Research*, vol 8, 2004 (www.le.ac.uk/ulmc/ijccr).

Une globalisation qui détruit la diversité

« La modernité, dans le fond, a été le triomphe d'une poignée d'idées étroitement reliées. Son modèle était la science, son discours se fondait sur la raison, libérée du poids de la tradition. La division du travail et l'ouverture des marchés assureraient la richesse. L'industrialisation et la technologie domineraient la nature. Un strict calcul des coûts et des bénéfices pourvoirait à notre bonheur. Le monde deviendrait une immense machine de satisfaction des besoins, générant le progrès. Ce progrès est devenu la mesure de toute chose. Ce mythe perdure dans la pensée d'une grande variété de fondamentalistes du marché et de leurs disciples dont le credo réside dans une dérégulation aussi importante que possible de l'activité humaine, générant d'elle-même ce que Leibniz appelait le paradis. Voltaire le décrivait comme l'endroit où tout serait pour le mieux dans le meilleur des mondes…

« Mon modèle est différent, de même que mon langage. Le monde n'est pas une machine. Il s'agit d'un écosystème complexe dont la diversité biologique, personnelle, culturelle et religieuse est indispensable à la vie. Toute atteinte portée à cette diversité, comme celles aujourd'hui préconisées par les fondamentalistes de différentes natures, qu'il s'agisse des fondamentalistes de marché, des scientistes ou des fondamentalistes religieux, constituerait un préjudice irréparable pour la richesse de notre vie collective et réduirait à ce point le champ de nos possibilités que le monde courrait à la catastrophe.

À l'instar de la nature, les systèmes économiques, politiques et sociaux créés par les hommes, sont d'une grande complexité. Ils ont tendance à s'autogénérer et restent imprévisibles. Toute volonté de les contraindre à une uniformité artificielle, au nom d'exigences religieuses ou économiques, traduit une méconnaissance tragique de ce qui fonde la richesse de ces systèmes. Parce que nous sommes tous différents, chacun d'entre nous a sa contribution à apporter et chacune de ces contributions compte dans nos systèmes économiques, politiques et sociaux. Seuls nos instincts primaires nous amènent à voir dans la diversité une menace. À une époque telle que la nôtre, où les destins des hommes n'ont jamais été aussi liés, ces instincts sont inutiles. Si de telles différences devaient amener à la guerre, ce serait la défaite de tous les belligérants. Si, au contraire, elles contribuaient à l'enrichissement mutuel, tous y gagneraient[7] ».

On ne dévoilera pas un secret en affirmant que le modèle actuel de la globalisation a été lancé par une succession d'administrations américaines. L'histoire particulière des États-Unis peut expliquer cette approche monolithique de l'économie mondiale. Les États-Unis se sont développés sans que les populations indigènes ne soient impliquées d'une quelconque manière dans la construction de l'État. La diversité culturelle apportée par l'immigration s'est fondue dans le célèbre *melting pot*, au profit d'une identité nationale. Les entreprises américaines se sont développées en proposant des produits standardisés sur leur gigantesque marché intérieur. Il n'y a donc rien d'étonnant à ce que le modèle de globalisation prôné par les États-Unis s'attache à gommer, autant que possible, les différences culturelles.

La politique américaine, en réaction aux attentats terroristes du 11 septembre 2001, était également prévisible. Les observateurs n'étaient pas à court d'explications : Samuel Huntington a vu dans ces attaques une preuve de la guerre des civilisations qu'il avait annoncée dans son *Choc des civilisations*[8]. Il voit dans le conflit des cultures un nouveau scénario dans lequel l'affrontement des civilisations remplacerait les conflits idéologiques qui ont caractérisé la période de la guerre froide. Selon Huntington, les cultures vivant d'une manière différente de l'Occident vont manifester une violence croissante à l'égard du nouvel ordre mon-

7. Sacks (J.), *La dignité de la différence : comment éviter le clash des civilisations*, Paris, Bayard, 2004.
8. Huntington (S.), *The Clash of Civilizations and the Remaking of World Order*, New York, Simon and Schuster, 1996. *Le choc des civilisations*, Éd. Odile Jacob, 1997 (pour l'édition française).

dial que les États-Unis cherchent à exporter. Benjamin Barber était encore plus précis. Il affirmait dans son ouvrage *Djihad versus McWorld*[9] que le succès économique de géants comme Coca-Cola ou McDonald's susciterait une réaction de violence quasi-automatique qui s'exprimerait sous la forme d'un djihad, c'est-à-dire d'une guerre sainte. Chacune de ces deux thèses a été soutenue par des Américains que l'on ne peut suspecter de sentiments anti-américains. Et il faut bien remarquer que la réaction de George W. Bush et de son administration aux événements du 11 septembre 2001 rend plus probable encore un tel scénario de violent conflit des cultures.

Quels modèles de développement économique pouvons-nous opposer à l'approche proposée par les États-Unis ? Quelles sont nos possibilités face à l'écrasante suprématie américaine dans les domaines militaire, monétaire et économique ?

De cette toile de fond, on voit se détacher tout l'intérêt d'un modèle de développement qui tirerait parti de la diversité culturelle au lieu de la considérer comme une menace. L'Europe des régions nous propose un modèle capable de redonner espoir à ces milliards d'hommes qui sont exclus des bienfaits de la globalisation actuelle, quand ils n'en subissent pas que les aspects négatifs.

Il faut tout de même rappeler, pour être honnête, que les Européens ont commis à travers le monde des erreurs telles qu'il convient de se garder de vouloir poser trop vite l'Europe en modèle pour le reste du monde. C'est en Europe qu'ont été inventés l'impérialisme et le colonialisme. La plupart des États européens se sont même construits par le biais de dynamiques impérialistes, fortement centralisatrices, où une région dominait ses voisines et les soumettait militairement quand elles s'y opposaient. Il suffit, pour s'en convaincre, de se pencher sur l'histoire du Languedoc ou de la Bretagne en France, sur les péripéties

9. Barber (B.), *Djihad versus* McWorld*: mondialisation et intégrisme contre la démocratie*, Paris, Desclée de Brouwer, 1996.

qu'ont connu les Gallois, les Écossais ou les Irlandais avec l'Angleterre pour créer le Royaume-Uni ou celles des Bavarois dans la construction de la Grande Allemagne. Les générations futures verront les deux guerres mondiales comme deux guerres civiles européennes qui ont fait du XXe siècle l'une des périodes les plus sanglantes de l'histoire mondiale. Aujourd'hui encore, plusieurs conflits régionaux européens n'ont toujours pas été vraiment résolus : au Pays basque ou dans les Balkans par exemple.

Malgré tout, l'évolution de l'Europe depuis la fin de la Seconde Guerre mondiale donne matière à espoir. L'Union européenne est la première instance de décision au centre de laquelle se trouve un vide de pouvoir. Le pouvoir de décision n'est pas exercé par un président ou un comité politique central mais demeure en majeure partie à la périphérie, entre les mains des États membres. Les problèmes régionaux qui, autrefois, généraient tensions et conflits, peuvent aujourd'hui être résolus pacifiquement. Les Américains se plaisent à rappeler, d'ailleurs à juste titre, que ce changement de paradigme a eu lieu sous l'égide de la *pax americana*. Ceci étant, le modèle par lequel la région la plus belliqueuse du monde s'est muée en une association pacifique d'États, rendant impensable l'éventualité d'une guerre entre ses membres, a été mis en œuvre par des Européens comme Schumann ou Adenauer.

Même si l'anglais s'impose de façon croissante comme la *lingua franca* mondiale, comme seconde langue universelle, une grande diversité linguistique, culturelle et culinaire demeure une réalité vivante en Europe. L'environnement stable généré par une croissance commune des pays européens profite à la croissance et à la prospérité des particularismes locaux et régionaux, et vice versa.

Même les firmes multinationales européennes ont développé une manière particulière d'accéder aux marchés et de les conquérir. Elles ont pris l'habitude d'adapter leurs produits aux exigences propres à chaque région. Là où les Américains imposent un produit standardisé (Coca-Cola, le Big Mac ou Windows) comme les symboles autour desquels une firme gigantesque a pu se construire, les grandes entreprises européennes ou japonaises ont développé une évidente capacité à agir sur des marchés très fragmentés et à développer des produits adaptés aux niches les plus diverses [10].

En conclusion, les cinquante dernières années de l'histoire européenne nous permettent d'espérer être en mesure de créer un modèle de développement où la différence culturelle sera considérée comme une richesse et non comme un obstacle sur le chemin vers une société uniformisée.

Cependant, un enjeu de taille pourrait empêcher l'Europe de réaliser un véritable modèle de développement régional. Cet enjeu, dont l'importance est souvent mal comprise, est la monnaie. Beaucoup de nos contemporains acquiesceraient si on leur parlait d'une plus large autonomie accordée aux régions. Cependant, ils sont étonnés ou incrédules quand on leur dit que, pour ce faire, des monnaies régionales doivent être introduites en parallèle à l'euro. Les arguments sont prévisibles : « La tendance est tout de même plutôt à la constitution de systèmes monétaires larges, pas à leur fragmentation. On vient tout juste d'abandonner nos monnaies nationales au profit de l'euro, et maintenant, il faudrait introduire des monnaies dont la circulation serait encore plus restreinte que ne l'était celle du mark ou du franc ! »

C'est précisément à cette question qu'est consacré cet ouvrage. Nous verrons que l'introduction de monnaies régionales aurait une importance décisive pour notre concept de développement. Nous appellerons génériquement de telles monnaies des « regios » et nous les placerons au cœur de notre exposé parce que cette question monétaire est l'une des moins bien comprises dans les débats de politique économique. En bref, notre objectif sera de montrer qu'après l'introduction de l'euro, les monnaies régionales prendraient tout leur sens et tout leur intérêt.

10. Voir des études de cas spécifiques dans, par exemple : Lietaer (B.), *Le Grand Jeu Europe – Amérique latine*, Paris, Presses Universitaires de France, 1981.

2.
La monnaie, cette inconnue

La monnaie est souvent considérée comme un instrument d'échange neutre : on présuppose qu'elle n'influence ni la nature des échanges, ni l'horizon de temps d'investissements réalisés, ni les relations entre les gens qui l'utilisent. Depuis les travaux d'Adam Smith, cette hypothèse implicite fait partie intégrante de la théorie économique. Rien n'a changé depuis : cette idée reste ancrée aujourd'hui dans la pensée aussi bien des économistes que de la population en général. Il est vrai que cela ne fait guère de différence si l'on utilise l'euro, le yen ou le dollar. Ces monnaies conventionnelles sont toutes du même type, elles ont toutes les mêmes caractéristiques : création sous la coordination d'une instance centrale, nécessité de rareté et attribution d'un taux d'intérêt.

En revanche, si l'on compare ces monnaies nationales avec d'autres instruments d'échange qui obéissent à des règles de création totalement différentes, les valeurs qui les sous-tendent apparaissent au grand jour. Par exemple, les entreprises qui s'engagent dans le troc à échelle internationale ont une attitude différente s'il s'agit de transactions compensées en marchandises ou effectuées en monnaies nationales [1]. Les différences sont encore plus

1. On appelle troc l'échange direct de biens et de services sans recours à un moyen d'échange. On trouvera une intéressante comparaison du troc et des

importantes lorsque l'on compare les monnaies conventionnelles à ce que l'on appelle des « monnaies sociales ». Au Japon, des sondages auprès des utilisateurs du système Fureai-Kippu – un système de délivrance de soins pour personnes âgées – ont montré une nette préférence à être pris en charge par des personnes acceptant des tickets Fureai-Kippu que par ceux qui se faisaient payer en yens. L'argument le plus souvent avancé était que la relation entre la personne âgée et le soignant était totalement transformée par ce système. Des études menées au sein de cercles d'échange allemands ont également indiqué que les amis acceptent d'être payés pour une aide par une monnaie sociale alors qu'ils refuseraient de l'être en monnaie officielle.

Nous avons fourni ailleurs [2] les preuves statistiques démontrant que l'usage de monnaies diversifiées engendrent différents types de relations humaines et facilitent d'autres options et attitudes de vie. Voici une autre approche pour démontrer la même idée. C'est l'histoire de Heidemarie Schwermer, une femme de 54 ans qui avait décidé de « vivre sans argent » : elle parvint à vivre sans logement fixe, sans voiture, sans travail et tint littéralement le pari de ne pas recevoir ou se servir de la monnaie nationale officielle pendant quatre ans en utilisant, entre autres, le *Sterntaler*,

---

autres systèmes d'échanges dans : Amann (E.), Marin (D.), "Risk-sharing in International Trade : An Analysis of Countertrade", in *The Journal of International Economics*, XLII, mars 1994, p.63-77. Voir aussi : Williamson (S.), Wright (R.), "Barter and Monetary Exchange under Private Information", in *The American Economic Review*, mars 1994, p.104-123 ; Taurand (F.), « Le troc en économie monétaire », in *L'Actualité économique*, 52, 2 juin 1968.

2. Voir entre autres Bernard Lietaer, *The Future of Money : Creating new wealth, work and a wiser world*, Londres, Random House, 2001 pour les preuves statistiques et techniques ; *Mysterium Geld : Emotionale Bedeutung und Wirkungweise eines Tabus*, Munich, Riemann Verlag, 2000 pour les aspects psychologiques et sociaux, en collaboration avec Stephen Belgin, *Of Human Wealth : New Money for a New World*, Boulder, Citerra Press, à paraître fin 2008 qui est un livre de synthèse ; Margrit Kennedy, *Interest and Inflation Free Money*, Okemos, Michigan, Seva International, 1995 pour les effets de l'intérêt sur la durabilité.

une monnaie complémentaire régionale au sud de la Bavière dont nous reparlerons sous un angle plus technique au chapitre 5 [3].

Nous insistons : nous ne prétendons pas que cette expérience soit une recette magique pour découvrir le vrai sens de la vie et nous ne recommandons pas à d'autres personnes de la reproduire. Si l'un des pôles où vivent certaines personnes est celui où seul compte l'argent, l'expérience de Heidemarie Schwermer représente le pôle extrême opposé. Entre ces deux extrêmes, nous pensons qu'un nouvel équilibre est possible et se révèlera même très utile dans un futur prévisible. Ce qui est important dans cette histoire, c'est que le simple fait de vivre sans argent a suffi pour qu'elle constate un changement significatif dans ses relations humaines et dans beaucoup de ses propres valeurs.

L'expérience du Sterntaler

Heidemarie Schwermer est enseignante et psychothérapeute. En 1994, elle entend parler, dans une émission de radio, d'une monnaie complémentaire au Canada et s'enthousiasme pour l'idée au point de fonder à Dortmund un système d'échange local du nom de *Gib-und-Nehm-Zentrale* (« Centre Donne et Prends »). La devise en est : *« Chacun peut faire quelque chose que tout le monde ne sait pas faire. »* Les membres se composent – c'est très typique pour ce genre de projet – de deux tiers de femmes et d'un tiers d'hommes. Peu à peu, elle se rend compte que tout cela fonctionne mais semble rester trop marginal pour vraiment changer le monde. En 1996, elle prend la décision de changer sa vie radicalement. Elle veut tenter une expérience personnelle : essayer de vivre sans argent pendant un an ! Elle résilie le contrat de location de son appartement et celui de son assurance santé, donne ses meubles et toutes ses possessions à ses voisins ▷

3. Les informations concernant cette expérience proviennent de Heidemarie Schwermer, *Das Sterntaler experiment. Mein Leben ohne Geld*, Munich, Riemann Verlag, 2001.

d'immeuble, abandonne son travail de psychothérapeute ; en bref, tout ce pour quoi elle aurait besoin de recevoir ou payer avec la monnaie conventionnelle. Elle vit depuis dans des maisons que lui confient des gens qui partent en voyage et satisfait tous ses besoins en faisant du troc et en participant à un système de monnaie régionale – *le Sterntaler* – où les gens échangent des services et des biens contre des crédits qu'ils échangent ensuite contre ce que d'autres ont à offrir. Son centre *Gib-und-Nehm* reçoit les pains invendus en fin de journée d'un boulanger spécialisé en pains complets. De même, un magasin bio lui donne tous les légumes et fruits qui arrivent à leur date limite de consommation. Non seulement cela lui permet de se nourrir, mais cela fournit aussi de la nourriture saine à des dizaines d'autres personnes. Dans des marchés aux puces, elle offre son temps en échange de vêtements ou de chaussures quand les siens sont arrivés en fin de course. Elle aimait beaucoup écrire des lettres et téléphoner. Dans sa « nouvelle vie sans argent », l'usage d'Internet remplace tout cela contre un coup de main dans un café Internet. Un an devient deux ans, puis trois. Après quatre ans, on lui demande d'écrire un livre pour raconter ce qui s'est passé. C'est le livre *Das Sterntaler-experiment* dont voici quelques extraits.

Elle raconte : « Depuis quatre ans je vis sans argent. On me demande toujours pourquoi je fais ça… Je ne prétends certainement pas que tout le monde devrait le faire… Pour moi, il s'agit d'une impulsion, d'un stimulant pour réfléchir sur les structures et les modes de vie de notre société d'aujourd'hui… »
Son défi devient un pôle qui contrebalance ce qu'elle perçoit maintenant comme une hystérie généralisée concernant l'argent. Quand elle zappe sur une série de programmes à la télévision, elle se rend compte à quel point tout tourne explicitement ou implicitement autour du thème de l'argent dans notre société, un peu comme un rituel religieux dévoyé, qui est pris trop au sérieux et même au tragique.

> Ce qu'elle découvre va bien au-delà des questions d'argent. Elle initie un tout autre niveau de contacts avec ses semblables qui la fait s'enrichir d'une manière beaucoup plus profonde qu'elle n'avait pensé possible. Elle finit par redéfinir les concepts de travail, de vacances, de temps libre, de liberté, de responsabilités, de spiritualité et même d'aventure humaine. Elle constate que sa vie a un sens, que sa qualité de vie s'est améliorée et qu'elle est plus heureuse qu'auparavant, prend les choses avec plus de recul. Elle ne s'est jamais sentie aussi « riche ». Tout est possible, rien n'est obligatoire.

Ce témoignage est intéressant parce qu'il démontre l'ampleur des implications du choix du type de monnaie utilisé. L'hypothèse implicite dans la pensée économique que l'argent est « neutre », que le type de monnaie utilisé n'affecte pas les relations entre utilisateurs ou la nature des échanges réalisés, n'est en tout cas plus recevable…

Dans ce chapitre, nous allons surtout nous concentrer sur la différence entre les monnaies nationales et les monnaies régionales ou locales et examiner les effets de ces différents systèmes sur l'autonomie, notamment économique et culturelle, des régions.

Afin de ne pas nous perdre dans des considérations purement théoriques, nous fonderons notre analyse sur plusieurs études de cas. Nous commencerons d'abord par un exemple illustrant comment le développement d'une région peut être durablement déséquilibré par l'introduction d'une monnaie nationale. Ensuite, nous montrerons par d'autres exemples, à quel point l'existence de monnaies régionales peut profiter à l'économie et aux habitants de la région.

Étant donné que l'homogénéisation monétaire est pratiquement totale dans les pays développés – ainsi d'ailleurs que la crise de l'esprit de communauté – ces exemples pratiques proviendront de pays à première vue exotiques. Dans les chapitres suivants nous verrons pourquoi ces modèles sont également applicables en Europe.

Comment détruire le développement durable d'une région ?

Au XIXe siècle, pendant la colonisation de ce qui allait devenir le Ghana, les Britanniques ont été confrontés à un phénomène intéressant. Ce pays se composait à cette époque d'une cinquantaine de régions économiquement autonomes : ces régions commerçaient entre elles, bien entendu, mais les échanges se limitaient à des circuits traditionnels entre les différentes tribus. À quoi bon créer une colonie si celle-ci n'est pas rentable économiquement, c'est-à-dire si elle ne constitue pas un débouché pour l'industrie de la métropole ? Les Britanniques se sont alors appliqués à casser les structures économiques séculaires du Ghana afin de créer une demande et d'ouvrir aux produits manufacturés britanniques un débouché dans le pays.

Aujourd'hui, on mènerait une campagne de marketing offensive, mais cela ne faisait pas partie des méthodes de l'époque. Ils n'ont pas non plus envoyé l'armée pour éradiquer des formes de commerce préexistantes. L'option qui a finalement été retenue était beaucoup plus simple, élégante, beaucoup moins coûteuse : elle a consisté en la création de la première monnaie nationale ghanéenne, accompagnée de l'introduction d'un impôt très modeste de 1 shilling par famille (le *hut tax*), étant précisé qu'il était obligatoire de s'acquitter de cet impôt dans la nouvelle monnaie. Ainsi, en l'espace de quelques années, les autarcies traditionnelles ont volé en éclats. Pourquoi ? La réponse est simple : toutes les familles du pays ont dû trouver un moyen de se procurer cette nouvelle monnaie afin de payer l'impôt et cela n'était possible qu'en abandonnant les circuits d'échanges traditionnels pour s'inscrire dans des relations commerciales plus larges, à l'échelle du pays. Cela a suffi pour briser un système qui avait fonctionné d'une manière durable pendant des siècles.

Quelle leçon faut-il tirer de cet exemple pour ce qui nous intéresse ici ? Rechercher le développement durable d'une économie locale ou régionale tout en imposant le monopole d'une monnaie nationale, c'est ignorer la véritable nature du mécanisme qu'un tel monopole crée. Cet exemple nous montre que les administrations coloniales, au XIXe siècle, avaient conscience de l'importance stratégique du facteur monétaire dans la lutte contre les autonomies régionales. En comparaison, l'importance du facteur monétaire est aujourd'hui mal identifiée par nos dirigeants : ils parlent d'autonomie et de développement durable régional mais n'en tirent aucune conséquence en matière monétaire.

Si vous pensez à présent que ce phénomène qui s'est déroulé au XIXe siècle au Ghana n'a pas de correspondance avec ce qui s'est passé dans nos propres campagnes dans nos temps modernes, nous suggérons de relire le grand historien français Fernand Braudel à propos de l'identité de la France [4]. Il mentionne, par exemple, le cas de la vallée de l'Aspre, près de laquelle il vivait. Il conclut que dans cette région de la France profonde « l'équilibre qui permettait une autosuffisance presque complète, combinée avec un peu de commerce, et qui ressemblait davantage à du troc qu'à de l'import-export, a été perdu pour toujours en 1950. » Des villages entiers et des styles de vie considérés comme satisfaisants pendant des siècles, ont été irrémédiablement abandonnés à cette époque. Un de ses amis, né dans une famille paysanne de la région en 1899, disait avec humour, mais exactitude : « La seule chose qui nous manquait était de l'argent... »

Quelques exemples réussis de systèmes monétaires locaux

Nous allons citer trois exemples pour montrer à quel point les systèmes monétaires locaux profitent aux identités et aux économies locales. Une remarque : dans les exemples présentés ici, il s'agira davantage de monnaies complémentaires que de monnaies

4. Braudel (F.), *L'identité de la France*, Flammarion, 1986.

régionales au sens où nous l'entendons dans ce livre. Ceci étant dit, ces exemples nous permettent cependant de dégager un certain nombre de remarques préliminaires qui vont tout à fait dans le sens de notre propos et constituent à ce titre une excellente base pour notre réflexion.

Dans le premier cas, il est question d'un système traditionnel utilisé à Bali depuis plus d'un millénaire et qui n'est pas sans lien avec la vitalité de la culture traditionnelle balinaise. Dans le deuxième exemple, il est question de la monnaie-coquillage, utilisée en Papouasie-Nouvelle-Guinée. Le troisième exemple, plus récent, concerne l'introduction, il y a une trentaine d'années, d'une monnaie locale dans la ville brésilienne de Curitiba et l'amélioration des relations économiques et sociales qui s'en est suivie.

Bali : les vertus d'un système monétaire dual

Voici un phénomène bien connu que l'on peut observer, malheureusement, en bien des endroits du globe : le développement du tourisme de masse s'accompagne en général d'effets dévastateurs sur la vie culturelle de la région. Une étude australienne estime que ce phénomène se développe toujours lorsque le nombre de visiteurs par an atteint environ un tiers de la population autochtone. Plus les touristes viennent nombreux pour jouir d'une culture exotique, plus ils contribuent à sa destruction, celle-ci se transformant graduellement en amusement pour les touristes. Ce conflit à peu près insoluble est exposé de la manière suivante par les spécialistes : « Le tourisme et la préservation des paradis terrestres sont deux choses à peu près inconciliables. Le paradis se détruit dans la même proportion qu'il suscite l'engouement des touristes... À peine le dernier paradis sur terre est-il découvert, qu'il attire une telle masse de touristes que cet endroit devient déjà le paradis perdu [5]. » L'unique exception à cette règle semble justement être Bali, où les effets destructeurs du tourisme de masse semblent plus limités qu'ailleurs. Cela, malgré le fait que

5. Iyer (P.), *Video Night at Kathmandu and other Reports from the Not-So-Far-East*, Vintage, New York, 1988, p. 30.

le nombre de touristes, non seulement dépasse le seuil fatidique du tiers de la population, mais dépasse le nombre d'habitants lui-même ! En effet, aujourd'hui, quatre millions de touristes visitent chaque année cette petite île qui ne compte pas plus de trois millions d'habitants [6].

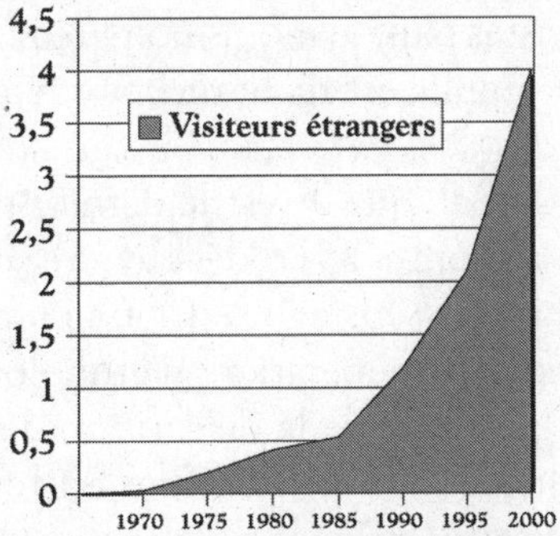

Nombre de visiteurs en millions par année à Bali

Nous tenons à préciser au préalable que nous utilisons ici une définition ethnologique de la culture créée par E.B. Tylor. Nous entendons donc la culture comme un ensemble assez protéiforme, auquel appartiennent la connaissance, les croyances, l'expression artistique, la morale, les lois, les habitudes et les modes de comportement acquis par les individus et qui confère le sentiment d'appartenance à une société donnée. Dans le cas de Bali, l'identité culturelle nous renvoie essentiellement à des éléments ethniques, linguistiques et religieux [7].

---

6. Ces chiffres sont ceux du gouvernement de Bali mais ils ne prennent en compte que les passagers de vols internationaux atterrissant à Bali. Ils étaient 23 000 en 1970 et 1 468 000 en 2000. 95 % d'entres eux déclarent venir à Bali pour les vacances. 30 % y sont déjà venus. Les autres touristes, ceux par exemple qui arrivent à Jakarta et viennent ensuite à Bali par des moyens de transport internes, ne sont pas comptés. En 2000, le nombre réel de touristes ayant visité l'île est évalué dans une fourchette de 4 à 5 millions.
7. Voir sur ce point : Picard (M.), *Bali: Cultural Tourism and Touristic Culture*, Archipelago Press, Singapour, 1996, p. 135 *sq.*

Afin de vérifier si une culture donnée survit ou recule face à l'afflux touristique, nous avons utilisé un test simple (eu égard à la complexité du problème et de son analyse) : nous nous sommes demandé si les cérémonies culturelles et religieuses traditionnelles étaient toujours organisées et si elles conservaient une signification pour les habitants de l'île malgré la présence, en spectateurs, de touristes plus ou moins nombreux. Cette méthode d'analyse, quoique simple, est reconnue et couramment utilisée en ethnologie [8].

On dit souvent de Bali qu'elle est le dernier paradis sur terre. Cette réputation remonte à la découverte de l'île par les Occidentaux à la fin du XVIe siècle [9]. Tout au long du XXe siècle, l'exercice de style pour des générations d'ethnologues a consisté à analyser les causes possibles de la disparition de la culture balinaise, disparition jugée imminente. Tous en reviennent émerveillés par le faste des cérémonies religieuses et des événements que les habitants de l'île organisent chaque année pour le plaisir de leurs dieux et leur propre divertissement. Il est encore fondé de dire aujourd'hui qu'« ils [les Balinais] ont deux bonnes raisons de perpétuer leurs traditions religieuses : ils cherchent à obtenir les faveurs de leurs dieux et, par la même occasion, ils se divertissent. On pourrait même dire que la capacité des Balinais à concilier ces deux aspects constitue l'un des traits distinctifs de leur culture et de leur caractère [10]. »

---

8. Voir par exemple: Norohna (R.), "Paradise Reviewed : Tourism in Bali – Tourism : Passport to Development ?", in De Kadt (E.) (ed.), *Perspectives on the Social and Cultural Effects of Tourism in Developing Countries*, New York, 1979, p.201 ; MacNaught (T.J.) "Mass Tourism and the Dilemmas of Modernization in Pacific Island Communities, Annals of Tourism Research", 9/3, 1982, p.359-381 ; Maurer (J.L.), Zeigler (A.), "Tourism and Indonesian Cultural Minorities", in Rossel (P.) (ed.), *Tourism: Manufacturing the Exotic*, International Workgroup for Indigenous Affairs, Copenhague, 1988, p.64-92 ; Mac Taggart (W.D.), "Tourism and Tradition" in *World Development*, 8, 1980, p.457-466.

9. Covarrubias (M.), *Island of Bali*, New York, 1937 (réédité depuis).

10. De Kleen (T.), "Bali : Its Dances and Customs", *Sluyter's Monthly*, 1921, p.129.

Cela contredit tout ce que l'on peut observer dans bien des lieux touristiques, qu'il s'agisse de la Grèce, de l'Italie, d'Hawaï, de Tahiti ou des îles Fidji. Aux îles Fidji par exemple, la culture traditionnelle est presque totalement éteinte, à tel point que les cérémonies traditionnelles ne sont plus organisées que pour le plaisir des touristes. À Bali, sur les quelques 5000 groupes de danse recensés par le gouvernement de la province, seuls 200 se produisent pour les touristes. Plus de 4800 n'étaient actifs qu'à l'occasion des cérémonies religieuses [11].

Pour éviter tout malentendu, précisons que nous avons conscience des changements, réels, induits à Bali par le tourisme de masse et que le flot de touristes a un impact négatif sur les relations sociales entre les Balinais ainsi que sur l'environnement balinais. Plusieurs études très révélatrices ont été consacrées aux effets destructeurs du tourisme à Bali [12]. Nous pensons cependant que le tourisme a relativement épargné la culture balinaise par rapport à d'autres cas.

L'exception balinaise

Plusieurs raisons sont avancées pour expliquer cette exception balinaise. L'une d'entre elles consiste à dire que Bali, par une mystérieuse alchimie, est différente des autres îles : « Bali sera toujours Bali. Autrefois, il y a cent ans, aujourd'hui et dans cent ans… Le tourisme va à Bali mais Bali n'est pas là pour le tourisme [13]. » D'autres y voient les effets de la religion – principalement l'hindouisme –, d'un système de castes très complexe, de caractéristiques raciales ou le produit d'une organisation tout à fait particulière du système d'irrigation des rizières. Nous ne contestons pas le rôle joué par ces différents facteurs, qu'ils soient pris séparément ou dans leurs effets combinés. Cela étant, aucun n'est pleinement satisfaisant puisqu'on les retrouve à d'autres endroits.

11. Picard (M.), op.cit.
12. Voir, entre autres : Vickers (A.), *Bali : A Paradise Created*, Berkeley, 1989.
13. Voir Picard (M.), *op.cit.*, p.8.

Deux ethnologues célèbres, Clifford Geertz[14] et Carol Warren[15], ont mis en évidence ce qui fait la spécificité de la culture balinaise : c'est l'extrême imbrication des structures organisationnelles locales. Ces structures, dont dépend encore une grande majorité de la population, se répartissent en trois grand ensembles :

– le *banjar*, qui gère tous les aspects de la vie civile ;

– la *subak*, qui établit les modalités d'irrigation des rizières pour tous ceux qui participent à la culture du riz ;

– la *pemaksan*, qui préside aux cérémonies religieuses.

Ces trois groupes forment un appareil de normes qui donne toute sa consistance à la société balinaise et à sa culture et qui est tout à fait caractéristique de l'île. Cet argument est déjà plus satisfaisant pour expliquer l'originalité de Bali. Mais cet entrelacs de structures organisationnelles explique-t-il tout ou la culture balinaise a-t-elle encore d'autres choses à nous révéler ?

Afin d'explorer la question, l'un des deux auteurs, Bernard Lietaer, a passé quatre mois à Bali en 2002 et est allé à la rencontre des chefs traditionnels de villages[16]. Le voyage l'a mené à Ubud, que l'on appelle parfois la capitale culturelle de Bali, l'interdépendance entre la culture traditionnelle et le tourisme y étant particulièrement forte. De ces discussions, il est ressorti que les structures organisationnelles particulières de l'île ne sont pas le seul élément en jeu. En réalité, les Balinais ont développé un système de mobilisation sociale dont l'analyse permet de comprendre bien des choses. En effet, un système de monnaie dual est utilisé au sein du *banjar*.

14. Geertz (H.), Geertz (C.), *Kinship in Bali*, Chicago, 1975.
15. Warren (C.), *Adat and Dinas: Balinese Communities in the Indonesian State*, Kuala Lumpur, 1993.
16. Lietaer (B.), Demeulenaere (S.), "Sustaining Cultural Vitality in a Globalizing World: The Balinese Example", *International Journal for Social Economics*, 30, septembre 2003.

Le banjar

Le *banjar* est l'unité organisationnelle de base de la société balinaise. Chaque *banjar* est organisé de manière décentralisée, au niveau local. Il s'agit là d'une structure très ancienne dont la première mention écrite date de 914 de notre ère [17] et qui, au fil des siècles, a fait preuve d'une capacité d'adaptation remarquable : « Le *banjar* joue aujourd'hui encore un rôle important, y compris dans les familles qui vivent dans des environnements urbains, c'est-à-dire loin des rizières traditionnelles [18]. » La structure organisationnelle du *banjar* a été abondamment décrite dans la littérature scientifique en ethnologie [19]. Nous allons en présenter rapidement les fonctions socio-économiques et culturelles, celles-ci étant d'une grande importance pour notre sujet.

Il faut insister sur la nature profondément démocratique de cette institution. Le chef du *banjar*, le *klian banjar*, est élu à la majorité simple par les membres du conseil et peut aussi être destitué de ses fonctions, pour peu que le conseil se rassemble et qu'une majorité le décide. Nous pourrions décrire un tel système comme « hyper-démocratique ». De fait, le *klian banjar* est davantage un *primus inter pares* qu'un chef au sens strict du terme : tous les membres du *banjar* sont mis sur un pied d'égalité, chacun disposant d'une voix. Il n'y a pas de traitement préférentiel pour les membres du *banjar* qui appartiennent à une caste élevée ou qui jouissent d'une certaine fortune : ils ne bénéficient d'aucun privilège. Tous les trente-cinq jours, on sonne le *kulkul*, un grand gong de bois, pour appeler les membres du conseil à se réunir dans un bâtiment spécifique (le *bale banjar*) qui a un toit pour s'abriter des

17. Agung & Purwita: "Permantan Adat Dalam Menunjang Usaha-Usaha Pembagunam", Majelis Pembina Lembaga Ada, Denpasar, 1983, p. 18.

18. Eisemann (F.B.), *Bali Sekala & Niskala: Essays on Society, Tradition and Craft*, t.2, Berkeley, 1990, p.74.

19. Voir, entre autres : Geertz (C.), "Form and Variation in Balinese Village Structure", *American Anthropologist*, 61, p.991-1002 ; Geertz (C.), Geertz (H.), Guermonprez (J.F.), "On the Elusive Balinese Village: Hierarchy and Values vs Political Models", *Review of Indonesian and Malaysian Affairs*, 24, p.59-89.

intempéries, mais qui n'a pas de murs extérieurs de façon à ce que tout le monde puisse observer ce qui se passe. Dans la région d'Ubud, un *banjar* comprend entre 700 et 1 200 personnes et le conseil est formé d'un membre de chaque famille. Chaque conseil a son règlement, le *awig-awig*. Ce règlement reprend en général les mêmes principes mais varie en fonction des données de contexte propres à chaque *banjar*.

En bref : le *banjar* est une entité collective de planification locale dont une originalité, qui se révèlera clé, est que tout se décide sur la base de deux types de budgets : une monnaie-temps et la roupie indonésienne.

Le ciment monétaire

Lors de rencontres avec les chefs de villages balinais, une chose est ressortie de manière constante : ce n'est ni une quelconque spécificité mystique de Bali, ni l'hindouïsme qui préservent la culture balinaise de la décadence face à l'afflux de touristes, mais l'existence d'une étroite coopération au sein de la communauté, le *banjar*.

Mais qu'est-ce qui sous-tend la cohésion du *banjar* ? La recherche de la réponse à cette question a été passionnante : il en est ressorti que c'est un système monétaire dual qui donne au *banjar* la capacité de mobiliser les ressources locales. L'une des deux monnaies dont il dispose est la roupie, la monnaie officielle, en cours dans tout l'archipel indonésien. La seconde monnaie s'appelle *nayahan banjar*, ce qui pourrait se traduire par « travail dans l'intérêt du *banjar* ». Il s'agit d'une monnaie-temps, grâce à laquelle un certain nombre de services sont rendus et rétribués. L'unité de compte est une plage horaire d'environ trois heures. Quand un travail d'intérêt collectif doit être effectué, on sonne le *kulkul* pour réunir la main-d'œuvre nécessaire. En moyenne, un *banjar* entreprend entre sept et dix projets par mois, d'ampleur variable. Pour chaque projet, on détermine un budget en roupies et un budget en contributions horaires de chaque famille.

Les interlocuteurs ont été clairs sur ce point : « Le temps est une forme d'argent ». La plupart pensent même que la monnaie-temps utilisée à Bali est plus importante que la roupie indonésienne car elle garantit la cohésion de la société balinaise. On peut mesurer l'importance sociale de cette monnaie particulière par le fait que la peine la plus sévère prononcée par le conseil ne consiste pas en une amende en roupies, mais en un refus de fournir un apport en temps par communauté. Celui qui se soustrait trois fois de suite aux décisions de la communauté est définitivement exclu par le *banjar*. Ainsi, quand une cérémonie familiale importante a lieu, une crémation ou un mariage, la communauté suspend sa contribution aux préparatifs et l'intéressé doit tout gérer seul. À Bali, la peine ultime consiste donc à priver quelqu'un de l'aide que la communauté peut mettre à disposition.

Comment cette forme de monnaie peut-elle contribuer au sentiment d'appartenance collective et à la préservation des traditions culturelles locales ?

Le système de monnaies dual balinais

Un système monétaire dual au sein d'une structure démocratique telle que le *banjar* offre beaucoup plus d'options qu'un système traditionnel à monnaie unique tel qu'on le connaît dans la plupart des pays dits développés. L'existence d'une monnaie autre que la monnaie officielle est en effet d'une grande utilité pour la réalisation des projets votés par le *banjar*. Dans les communautés les plus pauvres (en roupies), on entreprend des projets plus gourmands en contributions horaires que dans les communautés riches, qui peuvent entreprendre des projets plus coûteux en argent. Dans un *banjar* particulièrement riche, nous avons ainsi vu un projet dont le budget s'élevait à 1,2 milliard de roupies, soit environ 120 000 euros. Dans les *banjars* les plus pauvres, on trouve par exemple un groupe de danse important présentant régulièrement le *kecak* aux abords du temple local, une danse à laquelle participent de nombreux hommes mais qui n'exige pas de costumes ou d'instruments chers. Dans tous les cas, l'existence d'un système monétaire dual permet de mobiliser toutes les ressources de la communauté afin de réaliser ce qui a été décidé par la communauté, qu'il s'agisse d'événements culturels ou de travaux sur le territoire de la collectivité. Tous les projets sont financés avec une certaine combinaison des deux monnaies : roupies et monnaie-temps. Varie seulement la pondération de chacune dans le budget. De fait, quelle que soit la richesse de son *banjar*, presque chaque habitant de Bali est impliqué dans l'organisation d'événements culturels et religieux, au moins pour les plus importants. À Bali, l'organisation de ces événements, qui n'est pas réservée à un petit groupe d'élite, comme c'est souvent le cas ailleurs, est un acte profondément socialisant, grâce à l'existence de cette monnaie particulière. C'est pour cette raison que la monnaie duale pourrait être le secret de la capacité de résistance du dernier paradis sur terre face au tourisme de masse.

Papouasie-Nouvelle-Guinée

Le deuxième cas d'étude, celui de la Papouasie-Nouvelle-Guinée – où il existe également un système monétaire dual – nous montre que la stabilité de la culture balinaise ne tient pas à l'existence d'un « gène » ou d'une religion typiquement balinais, mais que cette stabilité trouve aussi son origine dans la dualité même du système monétaire. En Papouasie, pays peu fréquenté par les touristes contrairement à Bali, l'intérêt de ce système dual n'est pas de renforcer l'identité culturelle du pays dans un contexte de tourisme de masse : il a simplement permis au pays de traverser à peu près indemne la dernière vague de mondialisation. Par définition, la mondialisation vise à ouvrir les structures économiques locales au commerce mais elle a pour conséquence de détruire les réseaux d'échanges socio-économiques pré-existants[20]. Il se trouve qu'en Papouasie, la partie de l'île où vivent les Tolai a bien mieux conservé sa culture traditionnelle que la partie

20. De Meulenaere (S.), Week (D.), Stevenson (I.), *The Standardisation and Mobilisation of the Tabu Traditional Shell Currency*, Papouasie-Nouvelle-Guinée, 2003.

occidentale de l'île, où la dualité monétaire n'existe pas. Les Tolai, qui constituent l'un des groupes ethniques les plus importants de Papouasie, utilisent traditionnellement des longues chaînes de coquillages comme monnaie. Le gouvernement de la province a demandé que cette pratique se perpétue : l'idée étant, d'une part, de revitaliser une tradition culturelle locale, et, d'autre part, de préserver l'économie locale des influences dévastatrices de l'extérieur. Au cours de plusieurs moments difficiles de l'histoire de la Papouasie-Nouvelle-Guinée, l'usage de la monnaie-coquillage s'est avéré particulièrement bénéfique : son importance a été vitale lors des dernières crises économiques[21].

Les résultats en Papouasie sont les mêmes qu'à Bali, même si les processus sont totalement différents : les Tolai sont avant tout chrétiens – avec quelques reliquats d'une vieille religion animiste. À Bali, c'est l'hindouisme qui domine. Les monnaies complémentaires sont également différentes dans leurs formes : les Tolai paient en coquillages alors que les Banjar voient le temps comme de l'argent. Par ailleurs, les contextes sont très différents, notamment pour ce qui concerne les menaces pesant sur les cultures locales. Et malgré ces divergences, les études menées dans ces deux pays montrent que l'utilisation de monnaies complémentaires revitalise la culture locale, stabilise l'économie locale et la société dans son ensemble.

Pourquoi n'aurions-nous rien à apprendre de ces populations qui ont acquis, au fil des siècles, une grande expérience dans le maniement de ces instruments monétaires ?

L'exemple de Bali nous montre que de tels systèmes ne fonctionnent que quand ils sont utilisés au sein de structures relativement décentralisées, où la prise de décision se fait de manière très démocratique. C'est une condition essentielle : toute la stabilité du système balinais repose sur l'existence de cette démocratie de

21. Cette monnaie traditionnelle a même été incorporée dans la modernité au point qu'il existe notamment en Papouasie-Nouvelle-Guinée la première banque au monde à utiliser la monnaie-coquillage !

base. La communauté dans son ensemble décide de ce qui doit être fait et, dès qu'un projet est remis en question par une majorité, il est stoppé. Si ce schéma est détourné dans une logique *top down* – ce qui signifierait par exemple que les projets ne seraient pas décidés par la communauté elle-même mais par le gouvernement (ce qui a été le cas à Java quand le gouvernement indonésien a demandé la contribution temporaire des habitants de l'île pour la réalisation de divers projets) –, l'ensemble perd de son attrait et le système se délite.

Ces témoignages historiques et contemporains soulignent clairement l'importance économique et sociale des systèmes monétaires duaux. Il est évident que bien des transactions et des projets ne peuvent se faire à Bali que parce qu'il existe localement une monnaie complémentaire à côté de la monnaie officielle. Les monnaies complémentaires permettent d'impliquer les plus pauvres de la communauté dans des activités culturelles dont ils seraient exclus autrement. Et les Balinais sont eux-mêmes convaincus que cette organisation et la monnaie complémentaire tissent un réseau social plus serré et jouent un rôle essentiel.

Curitiba au Brésil

Notre troisième exemple se distingue substantiellement des deux précédents. Il est ici question de Curitiba, une métropole brésilienne de plusieurs millions d'habitants. Des monnaies complémentaires ont été introduites à Curitiba il y a environ trente ans, ce qui a contribué à rapprocher le niveau de vie de la population de cette ville du tiers-monde du niveau de vie des populations des pays industrialisés. En 1992, Curitiba a reçu des Nations unies le titre de capitale écologique du monde.

En 1971, Jaime Lerner, architecte de profession, devient maire de Curitiba, capitale de la province du Paranà, au sud-est du Brésil. Comme beaucoup de villes brésiliennes à cette époque, la population de Curitiba connaissait alors une croissance démographique sans précédent. La population de Curitiba s'élevait à environ un million d'habitants quand Lerner prit ses fonctions : elle ne comptait que 120 000 habitants dans les années 1940. En 1997, 2 700 000 personnes vivaient à Curitiba. La plupart d'entre elles s'entassaient dans les *favelas*, des quartiers pauvres constitués de cabanes construites en matériaux de récupération.

Le traitement des déchets a été l'un des plus grands casse-tête auquel le maire ait été confronté pendant ses années d'exercice. Les véhicules municipaux utilisés pour le ramassage des ordures dans le reste de la ville ne pouvaient accéder aux *favelas*, les voies d'accès étant trop étroites. De fait, dans les quartiers pauvres, les ordures s'amoncelaient, attirant la vermine et déclenchant de nombreuses maladies. La situation était intenable.

Les solutions classiques – qui auraient consisté à envoyer des bulldozers, à replanifier l'urbanisation et à percer des voies d'accès normales – étant exclues par manque de moyens financiers suffisants, il a fallu faire preuve de créativité. De grands containers de métal ont été installés en périphérie des *favelas*, chacun portant un panneau « Verre », « Papier » ou « Plastique », etc. Un code de couleurs a été mis en place pour ceux qui ne savent pas lire. Chaque sac d'ordures triées déposé dans les containers donnait droit à un ticket de transport public gratuit. Au début de l'année scolaire, c'étaient des cahiers qui étaient fournis en échange. Bientôt, les rues furent éclatantes de propreté car, chaque jour, des milliers d'enfants patrouillaient pour ramasser tout ce qu'ils trouvaient. Ils ont même appris à distinguer les différents types de plastique.

De notre point de vue, Jaime Lerner a créé une monnaie complémentaire, sous la forme de tickets de bus. Le programme, qui avait été intitulé « Des ordures qui ne sont pas des ordures » aurait très bien pu être intitulé : « Les ordures, c'est de l'argent ».

Plus de 70 % des foyers de Curitiba ont participé à ce programme. À eux seuls, les 60 quartiers les plus pauvres de la ville ont échangé environ 11 000 000 tonnes d'ordures ménagères contre environ 1 000 000 de tickets de transport et 1 200 tonnes de denrées alimentaires. En l'espace de trois ans, les quelque cent écoles de ces quartiers ont déposé plus de 200 tonnes de déchets contre 1 900 000 cahiers scolaires. Pour donner une idée, le volume du papier ainsi recyclé a permis de sauver quotidiennement 1 200 arbres de l'abattage.

L'intention de Lerner n'était pas d'introduire un système de monnaies complémentaires. Son équipe et lui ont, avant tout, fait preuve de pragmatisme et ont utilisé les moyens à leur disposition pour résoudre les problèmes qui se posaient. Cela a eu l'effet inattendu d'instaurer un véritable système de monnaie complémentaire qui, en se développant, a permis de traiter avec efficacité les problèmes de l'agglomération de Curitiba. Ce qui a commencé comme un programme de ramassage des ordures et de santé publique s'est peu à peu structuré en système complet de gestion des transports et d'autres problèmes comme le chômage. Les habitants de Curitiba ne sont probablement pas plus doués que les autres. Mais, en analysant leurs problèmes de façon globale et systémique, ils ont développé, presque sans le savoir, un système monétaire complémentaire capable d'améliorer leur situation.

Les conséquences économiques de ce système transparaissent dans les chiffres. Le revenu moyen à Curitiba est 3,3 fois plus élevé que le salaire minimum du pays. Le revenu réel lui est encore supérieur de 30 %, c'est-à-dire qu'il équivaut à cinq fois le salaire minimum. Cette différence de 30 % reflète l'existence de revenus qui ne sont pas forcément monétisés mais qui peuvent prendre la forme de denrées alimentaires. Curitiba dispose du réseau social le plus dense du pays et de programmes éducatifs et culturels uniques en leur genre. Même d'un point de vue macroéconomique, il est clair qu'un véritable miracle s'est produit à Curitiba. Entre 1975 et 1995, le produit social brut par habitant y a augmenté 75 % plus rapidement que dans la province du Paranà dans son ensemble et 48 % plus rapidement que dans le reste du pays. Et la différence reste, aujourd'hui encore, marquée : entre

1993 et 1995, le produit social brut de Curitiba était toujours de 41 % plus élevé que dans la province de Paranà et de 70 % plus élevé que dans le reste du pays[22].

Curitiba est un exemple qui illustre de façon concrète les effets des monnaies locales. Cette expérience qui dure depuis plus de trente ans montre qu'un système réunissant une monnaie nationale et une monnaie complémentaire bien adaptée aux objectifs offre des avantages à tous. Le système astucieux proposé par le maire du Curitiba a contribué à catapulter une ville du tiers-monde parmi les villes du premier-monde.

Quels enseignements peut-on en tirer ?

L'exemple négatif du Ghana montre clairement que l'introduction d'un monopole monétaire centralisé est systématiquement contre-productif pour les échanges locaux et réduit la marge de manœuvre pour l'initiative économique locale.

Les exemples positifs de Bali, de la Papouasie-Nouvelle-Guinée et de Curitiba nous montrent, au contraire, qu'un système monétaire dual, dans lequel une monnaie centrale cohabite avec d'autres monnaies complémentaires, contribue à rétablir l'équilibre entre les espaces économiques locaux, nationaux et internationaux. Nous ne prétendons pas qu'un système monétaire dual est une baguette magique pour solutionner tous les problèmes. Cependant, les exemples présentés doivent donner à réfléchir au moins sur la possibilité d'utiliser une monnaie régionale pour encourager l'initiative économique et culturelle locale dans un monde globalisé.

On se plaint souvent que la globalisation détruit les particularismes culturels. C'est pour cela qu'un système monétaire dual fait

22. Données dérivées des rapports *Indústria, Comércio e Turismo Gestão Rafael Creca*, des statistiques des *Informaciones Socioeconomicas*, de la *Prefeitura da Cidade Curitiba* ainsi que des données au niveau brésilien du SACEN, IPARDES et SICT/ICPI.

particulièrement sens pour tous ceux qui accordent une certaine importance à la cohésion au sein d'une région et à la préservation et à la vitalité de ses spécificités culturelles, indépendamment du niveau de développement de cet espace. La nature profondément démocratique du *banjar* à Bali nous donne également un aperçu des valeurs sur lesquelles un système de ce type doit se fonder pour durer dans le temps et permettre un véritable développement durable. Et l'exemple de Curitiba illustre la capacité des monnaies locales à densifier les réseaux sociaux au sein de différentes communautés, sans recourir nécessairement à l'endettement ou à l'aide financière des gouvernements centraux.

3.
Pourquoi a-t-on eu recours à des monnaies régionales dans le passé ?

Contrairement à ce que pourrait laisser penser le chapitre précédent, les monnaies complémentaires régionales ne sont pas l'apanage des pays en voie de développement : elles ont longtemps joué un rôle capital en Europe, avant que leur usage ne disparaisse définitivement il y a environ deux siècles. Aujourd'hui, pour la plupart des Européens, l'idée d'introduire des monnaies complémentaires pour consolider le développement de leurs régions peut sembler curieuse, non-orthodoxe, pour ne pas dire incompréhensible. Les travaux de recherche récents [1] ont cependant montré que, contrairement aux idées reçues, les monnaies régionales disposent en Europe d'une historicité considérable et méconnue. Elles existèrent de façon continue entre Charlemagne et Napoléon. Plus important encore, elles ont eu un impact positif sur l'économie et la vie sociale de notre continent. En tout état de cause, il faut noter que, si les monnaies régionales ont disparu du paysage européen, ce n'est pas en raison de leur inefficacité. Dans la plupart des cas, elles ont été abolies, sans autre forme de procès, par un pouvoir central qui entendait étendre l'usage de

1. Voir Amato (M.), Fantacci (L.), Doria (L.), *Complementary Currency Systems in a Historical Perspective*, Milan, 2003. L'analyse historique ici proposée se fonde en large partie sur les travaux de cette équipe de chercheurs.

son propre système monétaire pour mieux contrôler les économies régionales, et cela sans égards pour les effets négatifs sur la population [2]. Il est important de rappeler que la monopolisation monétaire s'est souvent accompagnée de mesures de répression – militaires si nécessaire – et de l'interdiction de systèmes et d'usages préexistants.

Il ne faudrait pas en déduire que toutes les monnaies régionales fonctionnaient automatiquement mieux que les monnaies centrales. Bien entendu, certaines étaient bien gérées et d'autres moins bien, comme c'est toujours le cas pour les politiques monétaires nationales aujourd'hui. Mais il est important de souligner que, pendant tous ces siècles où les monnaies régionales ont coexisté avec d'autres systèmes monétaires, notamment nationaux et internationaux, l'inflation ne constituait pas un problème endémique comme aujourd'hui.

Après l'abandon de l'étalon-or, l'inflation est en effet devenue la caractéristique principale des monnaies nationales du XXe siècle. Même les monnaies les plus stables de la période d'après-guerre – comme le mark allemand et le franc suisse – ont perdu entre 1970 et 2000 pas moins de 60 % de leur valeur. Dans le même temps, le dollar perdait 75 % de sa valeur et la livre sterling 90 % [3].

Mais revenons à l'histoire des monnaies régionales en Europe.

Des précédents historiques

On trouve dans l'histoire une foule d'exemples de monnaies locales et régionales. Leur existence est attestée en Europe occidentale sur une période de plus de mille ans, de l'an 800 jusqu'à 1800 environ [4]. La plupart des études portant sur les instruments financiers utilisés au Moyen Âge ou dans les temps pré-modernes

2. Il est intéressant de lire, sur ce point : Labrot (J.), Henckes (J.), *Une Histoire économique et populaire du Moyen Âge : les jetons et méreaux*, Paris, Errance, 1989.
3. Deane (M.), Pringle (R.), *The Central Banks*, New York, 1995, p. 352-354.
4. Amato (M.) et alii, *op.cit.*

soulignent l'immense variété du paysage monétaire européen avant l'introduction de l'étalon-or. Utilisant les mêmes unités de compte (la livre, le sou, etc.), reconnues de façon générale, deux sortes de monnaies étaient émises : les pièces de métal précieux – l'argent et, dans une moindre mesure, l'or – qui étaient les seules utilisées pour le commerce lointain et des plus petites monnaies de cuivre ou de billon (le billon est un alliage de cuivre et d'argent) pour les échanges sur des distances plus réduites [5]. Parmi les monnaies de métal précieux de commerce à longue distance, on peut mentionner notamment le *pfennig* de Cologne dans la zone germanophone, plusieurs monnaies royales émises en France et en Angleterre, ainsi que le *bezant*, une monnaie d'or byzantine qui détient le record de longévité pour un moyen de paiement [6]. Les monnaies locales, en revanche, étaient émises par les autorités locales, les villes, les évêques et les monastères. Parfois, une même autorité émettait les deux types de monnaies, comme c'était le cas à Venise [7].

Les monnaies complémentaires avant la Révolution française

L'étude la plus complète réalisée à ce jour sur les monnaies complémentaires en Europe parvient à cette conclusion : « Les dogmes monétaires du présent et du passé sont radicalement différents. Si hier [pendant la période de l'étalon-or] on considérait

5. Bloch (M.), Esquisse d'une histoire monétaire de l'Europe, Paris, 1954; Van der Beek (M.), « Het Muntwezen in de Landen van Herwaartsover », in Keizer Karls Geldbeurs, Geld en Financien in de 16e Euuw, Gand, 2000.

6. Le véritable nom de cette monnaie est en fait le *solidus*. Elle a été émise pour la première fois par l'empereur Constantin Ier (306-337). Elle pesait 4,55 grammes d'or fin à 98 % et a circulé pendant plus de 700 ans, non seulement dans l'Empire byzantin mais aussi en Europe et jusqu'en Inde.

7. La république de Venise émettait en effet les deux types de monnaies : pour le commerce extérieur, elle frappait le *ducat* (en argent) et le *zecchino* (en or) et émettait pour les autres échanges des monnaies fabriquées dans un alliage de métaux moins nobles (les *nasoni* et les *cavalotti*).

encore la monnaie comme une unité de compte dont la valeur était estimée en fonction du poids de métaux précieux contenu dans les pièces, on part aujourd'hui du principe que la monnaie doit avant tout être universelle et qu'il ne faut poser aucune limite géographique à sa circulation. Ni l'une ni l'autre de ces conceptions n'aurait eu de sens sous l'Ancien Régime, bien au contraire : la plupart du temps, l'échange des biens était local et se faisait par le biais de monnaies dont la valeur ne se mesurait pas par le contenu de métaux précieux dans les pièces[8]. »

C'est pour cette raison qu'il n'y a pas d'unité de vue parmi les collectionneurs de monnaies sur ce qu'il convient de considérer à proprement parler comme monnaie sous l'Ancien Régime en France, ou avant l'introduction de l'étalon-or. En effet, on connaît, pour la période de l'Ancien Régime, une grande variété d'objets monétaires proches par leurs formes, apparences et conditions de fabrication, mais différents dans leurs usages. On distingue quatre groupes : les médailles, les jetons, les méreaux et les pièces de monnaies officielles.

Les travaux sur l'histoire monétaire se limitent bien souvent à l'étude de cette dernière catégorie, les objets relevant des trois premières étant souvent considérés comme des « pseudo-monnaies », et, en tant que telles, dédaignées dans l'histoire économique. À ce titre, la remarque de Michel Dhenin, conservateur au Cabinet des médailles de la Bibliothèque nationale à Paris, ne manque pas de piquant. Il disait à propos de nos monnaies officielles actuelles : « Certains pourraient penser que de nos jours la pseudo-monnaie a totalement remplacé la monnaie, et que nous n'avons plus dans nos bourses que des objets monéiformes ; à vrai dire, ils n'auraient pas tout à fait tort[9]... »

8. Fantacci (L.), « Moneta Universale et Locale », in *Storia della moneta imaginaria*, Venise, 2004.
9. Labrot (J.), *op.cit.*, p.8.

Les objets monéiformes

Les médailles étaient des objets dont la forme est similaire à celle d'une monnaie. Elles sont typiquement fabriquées dans un métal précieux, d'une taille relativement importante et d'une facture assez élaborée. Il s'agit la plupart du temps de pièces uniques ou émises en séries limitées. Elles étaient du reste relativement rares, même à l'origine, et utilisées à des fins très particulières, notamment honorifiques. Le plus souvent, les souverains les utilisaient pour remercier leurs sujets pour des contributions importantes, un peu comme nous faisons aujourd'hui pour la Légion d'honneur ou les décorations militaires.

Les jetons avaient eux aussi la forme d'une pièce de monnaie. Ils étaient la plupart du temps utilisés pour le calcul sur des abaques. Les commerçants et tous ceux qui avaient affaire à la comptabilité dans leurs activités avaient besoin de ces abaques pour tenir leurs comptes de façon correcte. Les jetons de comptabilité n'avaient donc rien de rare puisque leur usage était très répandu. Plus tard, les jetons ont aussi fait leur entrée dans les jeux de hasard. Bien souvent, ils étaient également utilisés comme quittance (comme par exemple nos quittances de loyer aujourd'hui), de preuve d'appartenance à une société donnée (comme aujourd'hui nos cartes d'adhérent). Des jetons, dits « jetons de présence », sont aujourd'hui encore utilisés dans certaines institutions relativement fermées, comme le Conseil de surveillance en France.

Les méreaux étaient en apparence similaires aux jetons. Ils étaient émis par les autorités locales et généralement fabriqués en plomb ou en zinc, plus tard en cuivre. On les utilisait comme moyen d'échange dans la vie quotidienne et le commerce à courte distance. Leur floraison la plus étendue a eu lieu pendant la période du Moyen Âge central (Xe au XIIIe siècle). Leur similarité avec les jetons a souvent prêté à confusion [10]. L'ancienne

10. Jules Rouyer se plaignait déjà en 1858 dans sa préface à son *Histoire du Jeton au Moyen Âge* que « dans les écrits où l'on s'est occupé d'eux [les jetons], ils ont été le plus souvent mêlés à des méreaux d'une toute autre nature et il

expression « faux comme un jeton » prouve que la confusion devait, même à l'époque médiévale, servir à des escroqueries.

Les monnaies officielles, par exemple royales, étaient des moyens de paiement officiels émis par une autorité centrale, et typiquement les seuls qui étaient acceptés en paiement de taxes royales. Ils sont aussi les mieux connus de la communauté de numismates puisque la plupart des collections se sont spécialisées uniquement dans ces objets.

Les ouvrages spécialisés de numismatique prennent parfois en considération les médailles mais oublient typiquement les jetons et les méreaux, qui sont moins prestigieux pour le collectionneur. Les travaux où les jetons et les méreaux sont examinés de manière approfondie sont donc comparativement rares [11].

Pour ce qui nous intéresse ici, l'apparence, la qualité des matériaux, la fabrication et les conditions d'émission de ces objets monétaires sont de peu d'importance. Ce sont surtout leurs usages sociaux qui nous importent. En effet, nous définissons la monnaie comme tous les instruments standardisés qu'une société se donne pour effectuer les échanges. Partant, en appréhendant la monnaie

---

en est résulté une confusion d'idées à laquelle il sera longtemps difficile de remédier entièrement. » Cela reste malheureusement encore toujours le cas aujourd'hui... Par exemple, le Petit Larousse définit le méreau comme un simple jeton de présence.

11. En voici la liste complète à notre connaissance : Rouyer (J.), *Histoire du Jeton au Moyen Âge*, Paris, 1858 ; Forgeais (A.), *Collection de plombs historiés trouvés dans la Seine*, 6 volumes, Paris, 1858-1866 ; Blanchet (A.), Dieudonné (A.), *Manuel de Numismatique*, tome III : « Médailles, jetons et méreaux », Paris, 1930 ; Berry (G.), *Medieval English Jetons*, Londres, 1974 ; Mitchiner (M.), Skinner (A.), "English Tokens from 1200 to 1425", *The British Numismatic Journal*, 53, 1984, p. 86-163 ; Gerbert (C.F.), « Die Geschichte der Nürnberger Rechenpfennigschläger », in *Mitteilungen der Bayrischen Numismatischen Gesellschaft*, 1971.

selon sa fonction sociale, on peut classer nos quatre types d'objets comme suit :
Point de séparation définissant la monnaie

Non-utilisés comme instruments d'échange	**Utilisés comme instruments d'échange**
– médailles – jetons	– méreaux (Instrument d'échange complémentaire) – monnaie officielle (Instrument d'échange légal)

Nous considérerons donc dans cet ouvrage comme monnaie tout court à la fois les monnaies officielles, qui étaient acceptées en paiement de taxes royales, et les méreaux, qui fonctionnaient comme instrument d'échange complémentaire.

Suivant cette vision sociale de la monnaie, on peut classer les quatre types d'objets selon qu'ils servaient aux échanges ou non. Il est parfois utile de distinguer également s'il s'agissait de moyens de paiement émis par le gouvernement central, en vue notamment de la perception des impôts, ou si ces objets circulaient simplement au sein de la population dans le cadre des transactions économiques courantes – ce que nous désignons sous la formule générique d'« instruments d'échange communs ».

Notez qu'en anglais, on utilise la notion de *common tender*, par opposition à *legal tender*, cette dernière désignant les moyens de paiement légaux.

Dans le cadre de cette étude, nous nous intéresserons donc surtout aux méreaux et aux monnaies officielles. Pour mieux comprendre les relations qu'entretenaient ces différentes monnaies, il faut rappeler le contexte historique dans lequel elles sont apparues.

Après la chute de l'Empire romain au Ve siècle après Jésus-Christ, le paysage monétaire de l'Europe s'est considérablement fragmenté et de très nombreuses monnaies ont commencé à être émises un peu partout. En introduisant une monnaie unique et standardisée dans son empire, aux alentours de l'an 800, Charlemagne mit un terme à ce processus de prolifération monétaire, mais l'unité monétaire n'a duré que le temps de l'Empire carolingien. Aux alentours de l'an mil, le paysage monétaire européen s'était de nouveau fragmenté, même davantage qu'avant les Carolingiens. La plupart des autorités séculières ou ecclésiastiques – c'est-à-dire la noblesse provinciale, les évêques et les abbés de monastères – émettaient des pièces de la plus grande diversité quant à leur qualité et à leur appellation.

Les tentatives de centralisation monétaire

Les rois de France ont été les premiers à contrer cette évolution. Saint Louis, en 1265 et 1266, a fait promulguer différentes ordonnances réservant au roi, et à lui seul, le droit de battre des monnaies ayant cours dans l'ensemble du royaume. Les seigneurs locaux étaient toujours autorisés à émettre leurs monnaies : dans certaines régions, il existait donc deux monnaies circulant en parallèle. Cependant, seule la monnaie royale pouvait être utilisée pour payer l'impôt.

Par la suite, tous les rois de France ont tenté de limiter le pouvoir monétaire des féodaux, soit par le rachat de ce droit, soit par l'usage de la force. Dans les dernières années du XIIIe siècle, le processus de centralisation monétaire était si bien avancé que le nombre de monnaies en circulation dans le royaume était déjà considérablement réduit : il en a résulté une récession économique massive qui dura près d'un siècle et demi et qui s'est accompagnée, au début du XIVe siècle, des premières grandes famines. La population en a été à ce point affaiblie qu'elle n'a pu résister à la vague de peste noire [12].

12. Bruce Campbell, *Before the Black Death: Studies in the "Crisis" of the early fourteenth century*, Manchester, Manchester University Press, 1989 et Lietaer (B.), *Mysterium Geld: Emotionale Bedeutung und Wirkungsweise eines Tabus*, Munich, 2000, p. 201-215.

Les méreaux : monnaie du peuple ?

Comme elles avaient perdu le droit d'émettre leurs propres monnaies, les autorités locales ont eu de plus en plus recours aux méreaux, et c'est ainsi que l'usage de ces pièces s'est répandu particulièrement aux XIIe et XIIIe siècles. Les seigneurs plus faibles, qui n'avaient jamais eu le droit – ou les moyens – de battre monnaie, avaient adopté cette pratique encore plus tôt. Les méreaux ont certes existé dans l'Antiquité, mais leur usage s'est véritablement répandu lorsque la couronne a cherché à limiter les droits seigneuriaux en matière de monnaie.

Un indice montrant à quel point l'usage des méreaux était populaire et répandu est la fréquence avec laquelle les ordonnances royales visant à les interdire ont du être rappelées. Par exemple, dès le XIVe siècle, la ville d'Arras avait explicitement interdit l'usage des méreaux. Malgré cela, plusieurs édits de même nature ont été promulgués en 1451, 1464 et 1468. Tout cela confirme que la première ordonnance qui date de 1265 n'avait manifestement pas obtenu les effets escomptés, même après deux siècles de tentatives de répression [13]. Arras n'est pas un cas isolé. En 1657, quelque quatre siècles après le règne de Saint Louis et ses efforts pour étendre et consolider le pouvoir royal en matière monétaire, des officiers royaux sont venus à Macon, en Bourgogne, avec l'objectif explicite d'empêcher l'émission des « monnaies de plomb » qui circulaient dans la ville. En l'espèce, c'étaient les autorités religieuses locales qui émettaient ces méreaux, au motif que c'était une pratique vieille de plusieurs siècles [14]. Vingt ans plus tard, un incident comparable eut lieu dans la ville d'Autun, en Bourgogne [15].

Comment utilisait-on ces méreaux ? Prenons l'exemple des monnaies de plomb dont il vient d'être question à propos de

13. Labrot (J.), *op.cit.*, p.51.
14. *Ibid.*, p. 40.
15. *Ibid.*, p. 41.

Macon. À côté des moines, qui vivaient dans les monastères selon les règles de leurs ordres, il existait au Moyen Âge un clergé semi-séculier : chaque paroisse avait ainsi un ou plusieurs chanoines qui vivaient dans la ville. Ils exerçaient un certain nombre de tâches non négligeables au sein de l'Église. Par exemple, le collège de chanoines formait un chapitre, qui avait le pouvoir d'élire l'évêque avant que Rome n'ait repris cette prérogative à son propre compte. Ils jouaient souvent des rôles administratifs spécialisés et devaient tous participer aux offices où, en principe, ils devaient chanter durant le rituel [16]. Quand les membres du chapitre participaient aux offices, ils étaient rémunérés en méreaux qu'ils pouvaient ensuite échanger contre de la nourriture, du vin ou d'autres produits. Les nombreuses organisations de charité qui caractérisaient la société médiévale émettaient également leurs propres méreaux que l'on échangeait contre du pain, des harengs, un repas chaud ou un toit. L'usage de ces types de monnaies était parfois si répandu dans certaines villes qu'on les acceptait généralement comme des moyens de paiement courants.

On utilisait encore des méreaux pour rémunérer différentes prestations, celles d'un ouvrier sur le chantier d'une cathédrale ou d'un monastère. Par exemple, on trouve ainsi dans les archives de l'École des chartes une mention en 1396 sur des ouvriers fondeurs de cloches rémunérés en méreaux pour la refonte d'une cloche [17]. Le monastère de Saint-Omer payait ses ouvriers en méreaux de salaire dans le cadre de divers travaux de construction : ces méreaux étaient fabriqués en plomb et portaient le plus souvent un signe ou une inscription qui indiquait la nature du travail effectué (voir illustrations ci-dessous). Ils permettaient de payer,

16. Le rôle des chanoines dans le cas particulier de Paris est décrit dans l'excellente étude de Robert Gane, *Le chapitre de Notre-Dame à Paris au XIX**e siècle, étude sociale d'un groupe canonial*.
17. Spécifiquement, on mentionne qu'un graveur de coins du nom de Jean Le Cras avait fabriqué en 1396 des méreaux pour payer les ouvriers qui refondaient une cloche défectueuse. Bibliothèque de l'école des Chartes, tome XXXII, p. 312.

à titre d'exemple, un logement ou un repas pris dans une auberge. Les auberges, de leur côté, étaient approvisionnées par le monastère émetteur, si bien qu'une économie locale se développait, dans laquelle la main d'œuvre du monastère était rémunérée en produits du monastère. À Saint-Omer, le conseil municipal a émis des méreaux aussi tard que le XVIIe siècle afin de rémunérer les travaux de réfection des défenses de la ville. Des travaux similaires ont également été payés en méreaux en 1566 à Lille et en 1663 à Amiens [18]. Les méreaux s'inséraient ainsi dans une économie locale ou régionale très vivace.

Même le roi se servait des méreaux, lorsque cela lui permettait de créer des circuits économiques similaires à ceux des monastères autour de sa personne et de la maison royale. Les archéologues ont ainsi trouvé à Montségur des méreaux frappés des armes royales qui avaient été utilisés pour payer les ouvriers qui ont reconstruit le château, après que celui-ci fut détruit pendant la croisade contre les Albigeois. Plus tard, les souverains français ont régulièrement émis des méreaux pour payer leurs serviteurs dans les écuries, les cuisines ou tout autre service de la Maison du Roi [19]. Ces différents exemples devraient invalider l'idée selon laquelle les monnaies locales auraient été abolies par les souverains pour moderniser l'économie et maximiser l'efficience du système monétaire.

On peut cependant se demander si les usagers considéraient les méreaux comme une véritable monnaie. On peut répondre à cela clairement et simplement : oui. Le seul fait que beaucoup de méreaux pièces portent l'inscription *moneta*, qui signifie « monnaie », en est une preuve. Autre preuve : toute personne qui falsifiait des méreaux s'exposait aux mêmes sanctions que les faux-monnayeurs des monnaies officielles. Les peines susceptibles d'être infligées pour ce type de crime étaient sérieuses : la mort par ébouillantement dans l'eau ou l'huile, marquage au fer rouge sur le visage ou mise au pilori.

18. *Ibid.*, p.84.
19. *Ibid.*, p.83.

On peut également se demander quelles relations entretenaient ces monnaies avec la monnaie officielle. À vrai dire, cela dépendait largement des époques. Une monnaie qui, au départ, ne circulait qu'au sein d'un groupe social restreint pouvait très bien, de proche en proche, s'étendre progressivement à d'autres groupes sociaux jusqu'à devenir un moyen de paiement accepté par une large partie de la population.

Les résultats des fouilles archéologiques et les collections numismatiques sont assez trompeurs pour qui cherche à comprendre l'importance respective des monnaies officielles et des méreaux dans la société médiévale. Rappelons que les plus grandes quantités de monnaies médiévales ont été trouvées sous la forme de découvertes de « trésors », c'est-à-dire de monnaies utilisées comme épargne. Par définition, de tels trésors n'incluraient normalement pas de méreaux puisqu'ils sont de petite dénomination et que leur bas contenu de métal précieux les rendait impropres à l'épargne. De même, les collections numismatiques se concentrent elles aussi sur les monnaies officielles en métal précieux parce qu'elles sont, esthétiquement, de plus grande valeur. Mais ces biais ne doivent pas laisser croire que les méreaux n'ont pas fait l'objet d'un usage important au Moyen Âge, bien au contraire. Tout d'abord, des découvertes de méreaux ont été faites à l'occasion de campagnes de dragage de fleuves, sous les ponts historiques de Paris[20] : ceux-ci étaient des méreaux qui avaient manifestement été perdus parce qu'ils étaient tombés dans la rivière.

Notre point de vue est que ces méreaux jouaient un rôle beaucoup plus important qu'on ne voudrait le croire aujourd'hui. Le remarquable érudit Nicolas Oresme soulignait déjà au XIVe siècle, dans le premier ouvrage traitant de théorie monétaire, l'importance de la distinction entre deux types de monnaies : les mon-

20. Voir sur ce point Forgeais (A.), *op.cit.* L'auteur y inventorie la plus grande découverte de méreaux jamais faite en France, au XIXe siècle, lors des dragages sous les ponts de la Seine, à Paris.

naies qui jouent uniquement le rôle de moyen de paiement et les monnaies qui servent également d'instrument d'épargne. Sa réflexion menait droit à la loi que nous connaissons maintenant sous le nom de « loi de Gresham », sous la forme de « la mauvaise monnaie chasse la bonne ». En effet, les monnaies qui peuvent servir comme instrument d'épargne (la « bonne » monnaie de Gresham parce qu'elle était de bon aloi en métal précieux à l'époque de l'étalon-or) ont tendance à terminer dans un bas de laine, c'est-à-dire disparaître de la circulation. En revanche, la monnaie qui n'est pas bonne pour épargner (la « mauvaise » monnaie de Gresham) circule tout le temps. En appliquant ce concept sur le double système monétaire médiéval, remarquons que les méreaux jouaient le rôle de la « mauvaise » monnaie. C'est pour cette raison que les méreaux ont eu dans la vie quotidienne de ces gens un rôle plus important qu'on ne le pense généralement : les monnaies précieuses circulaient comparativement peu, et, quand elles circulaient, c'était surtout pour des transactions importantes et pour le commerce à longue distance. Par contraste, une bonne partie des transactions locales se faisait en monnaie locale comme des méreaux [21].

Quelques points de vue d'historiens du XXe siècle

La coexistence de plusieurs types de monnaies circulant en parallèle est souvent décrite comme un reliquat d'un passé imparfait que l'introduction de l'étalon-or aurait finalement corrigé [22]. Les porteurs de cette vision mettent l'accent sur l'hétérogénéité

21. L'importance de la vitesse de circulation de la monnaie ne nous est connue que depuis l'équation de Fisher, datant des années 1930. Elle s'exprime par $E = QV$ où E est l'activité économique, Q est la quantité de monnaie en circulation et V sa vitesse de circulation. Dès lors, puisque la circulation des méreaux était supérieure à celle de l'argent royal, les méreaux avaient un impact économique plus important proportionnellement à cette différence de vitesse de circulation.

22. Cipolla (C.M.), *Il Governo della moneta a Firenze e a Milano nei secoli XIV-XVI*, Bologne, 1990.

des systèmes monétaires qui en résulte et soulignent l'obstacle que cela représente pour la formation efficiente des prix et le libre-échange des biens. Cependant, on peut avoir de la diversité monétaire une vision différente : on peut y voir un instrument de nature à consolider l'autonomie de circuits économiques opérant à des échelles géographiques différentes et dans lesquels la monnaie ne joue pas nécessairement le même rôle – la fonction de moyen de paiement, par exemple, étant plus marquée dans les circuits locaux et régionaux. C'est une thèse qui a été soutenue par des historiens aussi renommés que Fernand Braudel ou Aldo de Maddalena[23].

Si nous pouvons parler de manière aussi précise des différentes fonctions sociales des instruments monétaires pré-modernes, c'est avant tout grâce aux travaux pionniers de Luigi Einaudi[24]. Des travaux de recherche plus récents ont repris son approche et démontré que la séparation des circuits et des fonctions monétaires a contribué de manière significative à la stabilité financière du système économique et social de l'Ancien Régime[25]. Ces chercheurs parviennent à une conclusion intéressante : « Le système monétaire en place avant l'introduction de l'étalon-or n'était ni primitif ni précaire, c'était un système stable et cohérent, fondé sur la coexistence de deux types de monnaies. Si l'on en tire les conséquences, l'histoire financière du Moyen Âge et de l'Europe moderne nous montre qu'un système monétaire dual cohérent est non seulement faisable sur le plan institutionnel, mais aussi pertinent d'un point de vue économique. Un système monétaire dual,

---

23. Braudel (F.), *La Dynamique du Capitalisme*, Paris, 1985 ; De Maddalena (A.), *La Ricchezza dell'Europa*, Milan, 1992.
24. Einaudi (L.), « Teoria della moneta immaginaria nel tempo da Carlomagno alla Revoluzione francese », *Rivista di Storia Economica*, 1, mars 1936.
25. Amato (M.), *Il Bivio della Moneta*, Milan, 1999 ; Fantacci (L.), « Teoria della moneta immaginaria nel tempo da Carlomagno a Richard Nixon », *Rivista di Storia Economica*, 18, 2002 ; Amato (M.), Fantacci (L.), *Storia della Moneta Immaginaria*, Venise, 2004.

conçu comme un système de monnaies complémentaires, concilie l'efficacité monétaire avec les impératifs de l'égalité sociale [26]. »

Soulignons le fait que nous arrivons ici, par un biais différent, exactement aux mêmes conclusions qu'au chapitre précédent avec les études de cas de Bali, de Papouasie ou de Curitiba.

Homogénéisation et centralisation monétaire

L'histoire nous montre que l'abolition des systèmes monétaires régionaux n'a rien à voir avec une question d'efficacité économique, qui est l'excuse classique pour justifier le maintien d'un monopole. La véritable cause est plutôt à rechercher dans les aspirations unificatrices de l'autorité centrale, initialement royale, et dont le relais à été repris ultérieurement par les gouvernements républicains respectifs. Ensuite, l'homogénéisation monétaire est devenue planétaire et a été vendue comme équivalente à la modernisation et sa nécessité imposée comme le seul moyen vers une efficacité économique. Voyons à présent quelques-unes des étapes marquantes de ce processus.

À partir du XVIIIe siècle, ce processus de centralisation et d'homogénéisation s'est propagé au niveau international. L'étalon-or a été introduit sous la pression de l'Angleterre, qui était alors la puissance dominante. Son abandon au cours du XXe siècle n'a pas pour autant remis en question le principe de la centralisation monétaire, loin s'en faut. Le traité de Bretton Woods, qui consacrait le dollar comme équivalent à l'or, ne faisait qu'entériner un nouveau rapport de force, en remplaçant la puissance financière britannique par la puissance financière américaine au sommet de la structure monétaire mondiale.

Il faut préciser que les plus grands analystes de la monnaie du XXe siècle, dont Keynes – qui a présidé la commission des accords

26. Amato (M.), Fantacci (L.), Doria (L.), *Complementary Currency Systems in a Historical Perspective*, Milan, 2003.

de Bretton Woods –, espéraient de cette conférence tout le contraire de ce qui en est finalement sorti. L'objectif principal de Keynes était de garantir aux États les marges de manœuvre nécessaires à une politique monétaire indépendante des contraintes financières internationales [27]. Ce que Keynes avait proposé était un système monétaire dual pour les paiements internationaux : il voulait introduire, en parallèle aux monnaies nationales, une monnaie exclusivement réservée aux emprunts internationaux et qui servirait d'unité de compte pour les échanges internationaux. Elle fonctionnerait via une chambre de compensation et devait être contrôlée par une autorité supervisant les investissements internationaux [28].

Keynes n'était d'ailleurs pas la seule voix éminente plaidant pour la coexistence de monnaies affectées à différentes fonctions. En effet, on pourrait également mentionner des personnalités comme Irving Fisher de Yale, l'économiste américain le plus en vue à cette époque, qui proposait l'idée d'un dollar compensé [29] et Friedrich Hayek, un des fondateurs de l'école autrichienne, qui recommandait la circulation de plusieurs monnaies parallèles même à l'intérieur d'un seul pays [30]. Cependant, malgré tous les arguments intellectuels, les États-Unis ont simplement imposé leur propre solution à Bretton Woods. L'argument clé pour convaincre Keynes n'était pas de nature intellectuelle mais reposait sur la menace explicite que les États-Unis allaient mettre l'Angleterre à genoux lors des renégociations de la dette que celle-ci avait contractée envers eux pendant la Seconde Guerre

27. Keynes (J.M.), "A Tract on Monetary Reform", in *Collected Writings*, 4, 1971. Voir aussi "A Treatise on Money", in *Collected Writings*, 5-6, Londres, 1971.
28. Voir Keynes (J.M.), "Shaping the Post-War World: The Clearing Union", in *Collected Writings*, Londres, 1971. Voir aussi Skidelsy (R.), *Fighting for Britain*, Londres, 2001.
29. Fisher (I.), "A Compensated Dollar", The Quarterly Journal of Economics, 27, 1931.
30. Hayek (F.), *The Denationalization of Money: An Analysis of the Theory and Practice of Current Currencies*, Londres, 1978.

mondiale [31]. Pour éviter que les États-Unis n'abusent de la position privilégiée du dollar, la contrepartie était la garantie qu'ils fourniraient à toute banque centrale qui considérait avoir trop de dollars la possibilité de les échanger pour de l'or au prix fixe de 32,5 dollars par once d'or.

L'étape suivante s'est jouée en août 1971, lorsque la Banque de France utilisa cette clause pour demander de convertir 5 milliards de dollars en or, demande à laquelle le président Nixon a répondu en déclarant unilatéralement la fin de la convertibilité du dollar en or. Au même moment, le système de monnaies flottantes a été introduit, où la valeur de chaque monnaie nationale est fixée uniquement par les marchés financiers. Depuis lors, le monde fonctionne en fait sur un standard dollar tout court. Ce qu'on pouvait craindre s'est ensuite manifesté : on a abusé de ce que le général de Gaulle appelait le « privilège exorbitant » du dollar. À cette époque, la dette totale américaine représentait moins de 130 % du produit national brut des États-Unis. Depuis, elle a explosé à plus de 310 %, un niveau qu'elle n'avait jamais atteint auparavant [32]. Le Plan Paulson et les autres mesures de sauvetage du système banquier américain en octobre 2008, vont faire effectuer un bond supplémentaire sans précédent à l'endettement américain.

En réaction à la nouvelle réalité des monnaies flottantes, que le chancelier allemand Helmut Schmidt avait qualifiée de l'étiquette de « non-système », il a pris l'initiative, en collaboration avec le président français Valéry Giscard d'Estaing, de créer une « zone de stabilité monétaire en Europe », l'expression codée pour ce qui deviendra en 1979 l'ECU, et qui est devenu l'euro vingt ans plus tard. Cependant, la monnaie unique européenne n'a résolu le problème d'instabilité que de manière interne à

31. Gardner (R.), *Sterling-Dollar Diplomacy: the Origins and the Prospects of Our International Economic Order*, McGraw Hill, New York, 1969.
32. Le niveau précédent le plus élevé avait été atteint pendant la grande dépression des années 1930 où la dette totale atteignait 270 %. Source : *Federal Reserve Board, Flow of Funds*, Table L.1.

l'Europe et uniquement pour les États membres européens qui l'ont adoptée. Il ne résout pas le problème monétaire central d'aujourd'hui : le système mondial lui-même est devenu systémiquement instable. Il n'est pas rare en effet que les monnaies officielles traversent des crises sévères : le Fonds monétaire international (FMI) a identifié 167 crises monétaires affectant 130 pays dans le courant des 25 dernières années [33]. Et la situation ne va pas s'améliorer lorsque c'est le dollar lui-même, la monnaie axiale du système mondial, qui se délite de plus en plus. Les réactions des marchés financiers à partir de l'été 2007 face à l'épisode des *subprimes* et de leurs dérivés financiers, promettent d'autres crises prochaines. En effet, ils ont joué le rôle de détonateurs pour la crise systémique la plus importante depuis les années 1930.

Signification de la crise financière actuelle

Les crises monétaires et financières ne sont malheureusement pas rares, mais celle qui a commencé en août 2007 – dite des *subprimes* – et a été couronnée en octobre 2008 par une avalanche de banqueroutes bancaires sans précédent dans l'histoire, présente une série de caractéristiques uniques qu'il vaut la peine d'identifier. C'est une débâcle qui trouve son origine dans le centre du système monétaire mondial, c'est-à-dire aux États-Unis. Elle affecte directement le consommateur américain, qui a été le moteur principal de la croissance économique mondiale pendant ces vingt dernières années. C'est, en effet, la demande par le consommateur américain qui a alimenté le boom chinois, qui, à son tour, a eu des retombées positives en Europe et ailleurs.

33. En fait ce nombre exact est plus important encore car il ne comprend pas la crise asiatique, celle du rouble ou du peso argentin qui ont toutes eu lieu depuis que ce nombre a été fixé. Voir Caprio & Klingelbiel, "Bank Insolvencies : Cross Country Experience", *Policy Research Working Papers #1620*, Washington DC: World Bank, Policy and Research Department, 1996; Frankel (J.) & Rose (A.), "Currency Crashes in Emerging Markets : an Empirical Treatment", *Journal of International Economics*, Vol. 4, p. 351-366, 1996; Kaminsky (G.) & Reinhart (C.), "The Twin Crisis : the Causes of Banking and Balance of Payment Problems", *American Economic Review*, vol. 89, #3, p. 473-500, 1999.

Cette crise est le résultat d'utilisations excessives d'innovations financières – les dérivés financiers dans le domaine de sécurisation – qui étaient devenues très populaires dans l'ensemble du secteur financier depuis le début des années 1990. Elle a déclenché une profonde méfiance parmi les 400 groupes financiers internationaux précisement ceux qui gèrent ensemble quelque 80 % des transactions financières importantes dans le monde. Une des victimes de cette crise est la doctrine qui prétend que la dérégulation systématique et les marchés financiers peuvent s'autoréguler eux-mêmes et sont des solutions magiques à tous les problèmes financiers. Cette crise est donc également une faillite de la crédibilité du modèle néolibéral qui était triomphant depuis la chute du mur de Berlin. Un changement de cap de cette ampleur prendra des années pour se manifester pleinement…

Une des conséquences immédiates sera que la disponibilité des finances provenant du système bancaire va se rétrécir pendant une période plus longue que quiconque le désire, ce qui posera des problèmes de croissance – et même de survie – dans la plupart des secteurs productifs. Comme ce sont là des messages que ni les banquiers, ni les hommes politiques, n'ont, évidemment, intérêt à annoncer, il vaut mieux rester un peu sceptique quand chaque amélioration temporaire est annoncée comme la « fin de la crise »… En effet, les gouvernements adorent la croissance parce qu'elle les dispense de devoir s'attaquer au problème épineux de l'inégalité des revenus. Comme l'expliquait Henry Wallich, gouverneur du Federal Reserve des États-Unis de 1974 à 1986 : « La croissance est un substitut à l'égalité des revenus. Tant qu'il y a croissance, il y a de l'espoir, et cela rend tolérables les grands écarts de revenus[34]. » Tout cela rend plus urgente encore l'introduction de solutions nouvelles comme celle des monnaies régionales, qui permettent de s'attaquer à ces problèmes de façon plus ciblée que les méthodes traditionnelles.

34. *The Guardian*, cité dans *Courrier International*, n° 896 (2 au 9 Janvier 2008), p. 33.

En fait, l'euro ne devrait être considéré que comme une première étape, une étape importante et nécessaire dans l'innovation monétaire, ouvrant la voie à d'autres innovations monétaires pour permettre la résolution des problèmes du XXIe siècle. En effet, la globalisation et le processus d'unification monétaire ont maintenant progressé de façon systématique depuis plusieurs siècles. Nous pensons simplement que le processus est allé plus loin que ce qui justifie son utilité économique et sociale et qu'un renversement de tendance aura lieu bientôt, par choix ou par nécessité…

Ce sont, non seulement les frontières entre les différents espaces monétaires qui ont disparu, mais aussi les différences entre les activités économiques et leurs acteurs. Aujourd'hui, nous trouvons normal d'utiliser la même monnaie pour toutes nos activités économiques, quels que soient les circuits économiques dans lesquels elles s'inscrivent. La même monnaie sert à la fois aux échanges commerciaux entre les entreprises à l'échelle mondiale et à la distribution du pouvoir d'achat au sein de chaque société. Le même outil monétaire est supposé servir pour réaliser un investissement dans un barrage hydroélectrique ou un rachat multimilliardaire d'entreprises, pour l'éducation de nos enfants, les soins pour les personnes âgées ou pour l'environnement. L'orthodoxie monétaire stipule qu'une monnaie doit nécessairement cumuler l'ensemble des fonctions d'une monnaie : moyen d'échange, réserve de valeur et unité de compte. Et ce principe est supposé s'appliquer de manière identique à toute échelle géographique, depuis un quartier d'un village jusqu'à la planète entière. En fait, cela n'a pas été le cas dans le passé, et nous montrerons que ce n'est déjà plus le cas aujourd'hui. L'argument central de cet ouvrage repose sur le fait que cela ne devrait pas l'être non plus dans le futur, dans la mesure où nous voulons résoudre de manière efficace le nombre de défis sans précédent que nous devrons affronter de gré ou de force durant ce XXIe siècle.

Quelques leçons utiles pour l'avenir

La théorie économique ne se nourrit pas suffisamment des enseignements de l'histoire : les manuels d'économie disent très peu de chose sur la longue histoire de nos systèmes économiques et financiers. Le système monétaire en particulier est considéré comme une donnée dont le questionnement est automatiquement considéré comme tabou. C'est la raison pour laquelle les spécialistes ont tendance à se braquer dès qu'on leur parle de systèmes monétaires différents, une idée qu'ils estiment extravagante dans le meilleur des cas, pour ne pas dire dangereuse, parce qu'elle va nous obliger à mettre à plat ce que nous croyons connaître sur la monnaie, qui est pourtant l'outil central de toute notre économie.

Résumons à présent ce que nous a appris ce bref détour par l'histoire et qui pourrait être utile pour notre avenir :

– La tendance actuelle à la centralisation monétaire trouve ses origines dans les aspirations de contrôle de pouvoirs centralisateurs, d'abord de rois, ensuite d'États-nations et finalement de nations avec des visées d'hégémonie mondiale. L'homogénéisation monétaire a incontestablement facilité les échanges à l'échelle correspondant à chacune de ces étapes, mais elle a chaque fois pénalisé la capacité de gérer sur place les problèmes qui se manifestent dans les économies régionales ou locales. Nous disposons pourtant de précédents historiques convaincants montrant que des monnaies régionales bien gérées peuvent circuler en parallèle avec des monnaies nationales et surtout supranationales sans générer d'inflation ou de crise monétaire.

– En même temps, la puissance financière a tendance à se concentrer dans un nombre sans cesse plus réduit de centres de décision qui eux-mêmes se trouvent de plus en plus éloignés de la vie quotidienne du citoyen. L'avenir monétaire d'un agriculteur limousin ne se décide aujourd'hui ni dans son département, ni à Paris, ni même à la Banque centrale européenne à Francfort, mais à Pékin où l'on choisira jusqu'à quel point la Chine voudra bien continuer à accumuler sans fin des dollars dont la valeur se dégrade d'année en année.

– Cependant, dans le contexte d'une crise financière mondiale, la responsabilité de gérer les conséquences sociales et de trouver les solutions innovatrices pour les problèmes que cela posera, ne viendra pas de Pékin ou de Paris, mais de la communauté locale et régionale. Il y a donc une dissymétrie entre moyens d'action et responsabilités. Nous montrerons dans les chapitres suivants qu'il existe des outils monétaires qui seront indispensables à l'échelle d'une région pour faire face aux défis du XXIe siècle. Il serait légitime de demander à ceux qui veulent justifier la continuation du monopole des monnaies centralisantes, de prendre également leurs responsabilités face aux problèmes que ce monopole posera pour les citoyens ordinaires, problèmes pour lesquels on exigera ensuite – par défaut – de trouver une solution au niveau régional ou local.

N'est-il pas temps de s'interroger sur le bien-fondé de l'homogénéisation et de la centralisation de l'outil monétaire, eu égard aux problèmes que connaissent aujourd'hui l'Europe et le reste du monde, et plus encore aux défis qui sont inéluctables dans un avenir prévisible ?

4.
L'avenir des monnaies régionales

Commençons par définir de manière plus précise ce que recouvrent les notions de région et de monnaie régionale en ce début de XXIe siècle.

Qu'est-ce qu'une région et une monnaie régionale aujourd'hui ?

Nous définirons ici comme une région, un espace géographique circonscrit – relativement plus petit qu'un État-nation – auquel s'identifient les hommes. Cette définition est simple mais elle est suffisante à ce stade de notre analyse. Comme chacun sait, la puissance identitaire d'une région dépend moins de sa taille que de la densité des interactions humaines, de son histoire et de l'existence de frontières naturelles, comme par exemple les fleuves, les vallées, les montagnes ou les forêts, définissant un espace géographique bien distinct. Idéalement, une telle région est aussi caractérisée par un écosystème propre parce qu'ainsi les activités humaines s'adaptent et s'intègrent plus facilement dans ce milieu. Mais c'est bien l'implication des individus dans le projet, celle-là même qui les disposera, au-delà du simple calcul, à faire un effort en faveur du bien-être économique de la communauté, qui est une des clés du succès d'une monnaie régionale.

Lorsque la région renvoie à un ensemble de frontières naturelles, comme une vallée, un microclimat singulier, ou à une zone de production bien particulière, l'objectif d'une monnaie régionale est alors de créer un espace privilégié pour l'échange et la circulation de l'information entre les hommes et l'écosystème.

Les monnaies régionales constituent un sous-ensemble de ce que l'on appelle les monnaies complémentaires. Cette remarque est importante dans la mesure où il n'existe, à l'heure actuelle, que peu d'exemples de systèmes monétaires régionaux fonctionnant à suffisamment grande échelle. S'agissant des monnaies complémentaires en revanche, les exemples sont maintenant nombreux. C'est pour cette raison que nous allons d'abord faire une incursion du côté des monnaies complémentaires, avant de revenir aux monnaies régionales.

La fin d'un monopole ?

Commençons par souligner que le monopole des monnaies nationales ou de l'euro comme instrument d'échange est déjà aujourd'hui plus une fiction qu'une réalité. Par exemple, des monnaies complémentaires commerciales sont déjà en circulation à très grande échelle. Les points miles et autres S'miles proposés par les compagnies aériennes sont l'exemple le plus familier de monnaies complémentaires commerciales. Initialement conçus comme un gadget marketing destiné à garantir la fidélité du client, les points miles permettent aujourd'hui de payer, entre autres, les communications téléphoniques à grande distance, les taxis, les hôtels ou les restaurants. Ainsi, plus des deux tiers des points miles offerts par British Airways sont utilisés pour autre chose que l'achat de billets d'avion. On peut aussi obtenir des points miles sans même prendre l'avion, pour peu qu'on effectue ses achats avec la carte Visa de la Citibank. Les points miles sont ainsi devenus un véritable moyen de paiement, même s'ils n'ont aucun rôle social. Plus important, ils démontrent qu'une monnaie complémentaire ne doit pas nécessairement rester un système marginal : plus de 14 000 milliards de miles circulent aujourd'hui dans le monde, émis par cinq alliances aériennes d'envergure mondiale ! Et, comme le montre l'encadré suivant, les points miles constituent une première approche relativement familière pour comprendre le mécanisme des monnaies complémentaires.

Monnaies complémentaires commerciales

D'un point de vue strictement économique, le profit d'une entreprise sera plus élevé pour chaque client qui paye au moins le coût marginal engendré par la transaction. Pour les compagnies aériennes, ces coûts marginaux correspondent aux dépenses réelles que l'entreprise doit effectuer pour accueillir un passager sur un vol, ce qui revient approximativement au coût du repas (à condition qu'un repas soit servi à bord). Toutes les autres dépenses de la compagnie aérienne (les salaires de l'équipage, le coût du carburant, les frais d'aéroport, etc.) sont des coûts fixes : on les appelle ainsi parce qu'ils ne changent pratiquement pas, quel que soit le nombre de personnes embarquées dans l'avion. Les monnaies complémentaires sont très utiles aux entreprises comme les compagnies aériennes, dont les coûts marginaux sont faibles. La fidélisation du client est beaucoup plus intéressante que le coût du repas qu'on lui servira, du moins tant que toutes les places dans l'avion ne sont pas prises...

En dehors des compagnies aériennes, on trouve des secteurs d'activités où ces coûts marginaux sont à peu près nuls. Les cinémas en sont un exemple : un spectateur supplémentaire n'engendre aucun coût pour le cinéma dont toutes les dépenses sont des coûts fixes : chauffage ou climatisation de la salle, location des films, rémunération du personnel, etc. Ces dépenses sont constantes, qu'il y ait un seul spectateur dans la salle ou qu'il y en ait trois cents. Un cinéma aura donc intérêt à laisser entrer un spectateur qui souhaiterait payer la quasi totalité de son ticket en monnaie complémentaire.

Autre exemple : les restaurants. Les coûts marginaux des restaurants reviennent en général au tiers du prix du repas qui est servi au ▷

client. Ces coûts marginaux correspondent au coût de ce que le client a dans l'assiette. Un deuxième tiers du coût du repas représente des coûts fixes : les locaux, le chauffage, le personnel, etc. Le dernier tiers sera au profit du restaurant. Tant que le restaurant n'est pas plein, celui-ci peut donc accepter de nouveaux clients payant pour moitié en monnaie complémentaire et pour moitié en monnaie officielle.

Sans monnaie complémentaire, la méthode dont disposent les commerçants pour maximiser leurs ventes consiste à faire des réductions à l'ensemble de leurs clients. Ceci présente cependant un inconvénient : celui de vendre à moindre prix à certains clients qui seraient venus de toute façon, même s'ils n'avaient pas eu de réduction. En revanche, avec une monnaie complémentaire, le commerçant peut plus facilement faire une distinction entre les clients. Il peut également déterminer les critères d'acceptation de la monnaie complémentaire et, par exemple, décider de n'accepter la monnaie complémentaire que certains jours, ceux où il a de toute façon moins de clients. C'est la méthode utilisée par les compagnies aériennes avec leurs miles : ils n'acceptent pas les miles en haute saison ou imposent d'autres restrictions qui visent à s'assurer que le client qui paye avec des miles occupe un siège qui serait vide autrement. En généralisant, une monnaie complémentaire permet de mobiliser une ressource qui serait de toute façon inutilisée (dans ce cas, un siège vide) pour satisfaire un besoin donné (la fidélité de la clientèle).

À partir de ce que nous avons appris de ces exemples de monnaies complémentaires commerciales, nous pouvons proposer la définition suivante : une monnaie complémentaire est une monnaie permettant de faire la jonction entre un besoin non-satisfait en euros et une ressource sous-utilisée.

Notons que la plupart des monnaies complémentaires n'ont pas d'objectifs commerciaux. C'est la raison pour laquelle on les appelle parfois aussi monnaies communautaires, sociales, solidaires, ou encore monnaies régionales ou locales. L'objectif de ces monnaies n'étant clairement pas de supplanter les monnaies officielles, mais de coexister avec elles, on parle alors de monnaies complémentaires.

Le principe de complémentarité est relativement nouveau en économie, contrairement à ce qui est le cas dans d'autres disciplines comme la physique, la biologie, la psychologie ou la philosophie, où sa conceptualisation est plus ancienne et son usage plus répandu. En physique, Wolfgang Pauli[1], Werner Heisenberg[2] et Niels Bohr[3], ont démontré son utilité, Charles François[4] l'a introduit dans la théorie des systèmes, Viktor von Weizsäcker[5] et Thure von Uexhuell l'ont introduit en médecine, et Karl-Otto Appel en éthique. Même la biologie moléculaire a recours à la notion de complémentarité, notamment pour expliquer l'enregistrement de l'information génétique dans l'ADN. Les philosophies orientales, du taoïsme au bouddhisme, se fondent sur le principe de complémentarité et un philosophe japonais aussi important que Miura Baien en a fait la clé de toute sa pensée. Tous ces penseurs et savants utilisent le même principe de complémentarité pour expliquer le monde. On est donc en droit de penser qu'il s'agit là d'une notion d'une importance capitale.

1. Pauli (W.), *Aufsätze und Vorträge über Physik und Erkenntnistheorie*, Brunswick, 1961.
2. Voir notamment Heisenberg (W.), Dürr (H.P.), *Erste Gespräche über das Verhältnis von Naturwissenschaft und Religion, Physik und Transzendenz*, Berne, 1994.
3. Voir, entre autres Bohr (N.), "The Connection between the Sciences: Adress at the International Congress of Pharmaceutical Science", in *Essays, on Atomic Physics and Human Knowledge*, Londres, 1963, p. 17-22.
4. François (C.), *International Encyclopedia of Systems and Cybernetics*, Munich, 1997.
5. Voir notamment Weizsäcker (C.F.), *Die Einheit der Natur*, Munich, 1971.

Le principe de complémentarité

Que signifie la notion de complémentarité ? Au sens le plus large, sont dits complémentaires deux phénomènes qui ne sont pas liés par quelque lien de cause à effet, mais qui sont tous deux nécessaires simultanément à la compréhension d'un phénomène complexe. Deux phénomènes complémentaires fonctionnent entre eux à la manière des deux parties d'une fermeture Éclair.

Dans un texte par exemple, la forme et le contenu sont complémentaires : aucun de ces deux éléments n'est la cause de l'autre, mais aucun des deux n'est possible sans l'autre. Ils fonctionnent, en quelque sorte, de façon parallèle, pour former un objet unique que nous appelons un texte. Leur combinaison est nécessaire pour produire et comprendre certains des phénomènes qui nous entourent.

Quel champ d'application cette notion de complémentarité trouve-t-elle dans la théorie économique, s'agissant notamment des systèmes monétaires ? Les monnaies complémentaires ont une existence propre, en parallèle avec les monnaies officielles. Les monnaies officielles, comme le yen, l'euro ou le dollar, et les monnaies complémentaires se fondent sur des principes très différents mais leurs fonctions propres se complètent. C'est-à-dire que les monnaies complémentaires remplissent des fonctions que les monnaies officielles ne sont pas en mesure de remplir ou qu'elles ne remplissent que partiellement.

Par exemple, les monnaies nationales se sont montrées particulièrement utiles pour déclencher l'âge industriel. Elles ont contribué efficacement à la création de marchés globaux, à la stimulation de la concurrence et à l'accumulation du capital, ce qui a permis une création de richesses sans précédent. Lorsqu'on impose un monopole de ce type de monnaie, on peut observer une accentuation des différences de revenus, une dégradation du capital social des plus faibles et une augmentation de la spéculation à court terme. Mais ces inconvénients associés aux monnaies officielles ne peuvent pas être corrigés au sein du système monétaire lui-même. Cependant, une monnaie complémentaire, fondée sur des principes radicalement différents (pas d'intérêts, une organisation locale et démo-

cratique, une valorisation du capital social), permet de corriger ces effets pervers. Monnaies officielles et monnaies complémentaires, grâce à leurs avantages comparatifs, forment un système monétaire dual qui permet le développement d'une société plus juste et plus stable.
Nous retrouvons ici au niveau théorique ce que nous avons rencontré comme applications concrètes dans les chapitres précédents avec les cas de Bali, de Curitiba ou de la France de l'Ancien Régime.

Monnaies complémentaires sociales existantes

Ces vingt dernières années, nous avons assisté à une augmentation du nombre des moyens de paiement complémentaires en circulation, la plupart remplissant une fonction limitée, le plus souvent locale. C'est la première fois dans les temps modernes que ce type de monnaie est introduit pendant une période de paix et de relative stabilité économique : habituellement, l'introduction de monnaies complémentaires fait suite à une guerre et s'inscrit dans des contextes économiques particulièrement dramatiques. Le graphique suivant donne une idée de l'importance, du moins quantitative, prise par les monnaies complémentaires au cours de ces deux dernières décennies.

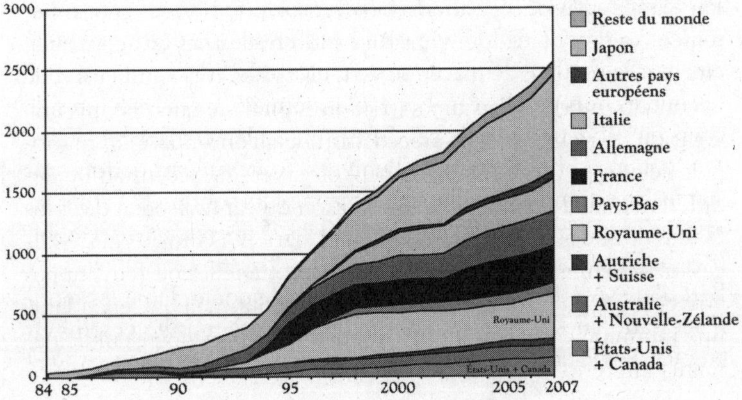

En combinant le concept de région et celui de monnaie complémentaire, nous pouvons à présent définir comme une monnaie régionale toute monnaie complémentaire dont l'objectif est de répondre à des besoins insatisfaits en euros dans la région et qui mobilise des ressources régionales insuffisamment utilisées.

Connecter des besoins insatisfaits avec des ressources sous-utilisées

Les régions ont de nombreux besoins, liés notamment à des problèmes sociaux tels que le chômage, l'emploi des jeunes ou la prise en charge des personnes âgées. Davantage de besoins économiques seront satisfaits quand un réseau de clients bien constitué permettra aux entreprises locales de mieux faire face à la concurrence des grandes entreprises présentes sur les marchés nationaux et internationaux. Les besoins écologiques ou culturels peuvent être remplis si l'on soutient efficacement les associations locales. La préservation de l'identité locale répond également à un besoin culturel. Il est difficile d'envisager toutes les utilisations qui pourraient être faites des monnaies régionales afin de satisfaire les besoins exprimés par les populations des régions. Il en va de même pour les ressources non mobilisées: en réfléchissant bien, et avec un peu d'imagination, on peut en trouver partout ou presque. Toute personne sans activité souhaitant proposer son savoir-faire est une ressource. La prochaine fois que vous irez au restaurant ou au cinéma, comptez le nombre de places ou de tables vides: il s'agit là aussi de ressources non mobilisées. Les écoles, fermées après les heures de cours ou pendant les vacances d'été, sont également une ressource, tout comme certains cours de l'université que suivent parfois tout au plus une dizaine d'étudiants. Ces jeunes qui sont prêts à aider les associations sont aussi une ressource. Il y a là des ressources à mobiliser pour satisfaire des besoins.

Bref, l'idée est d'introduire les monnaies régionales là où les monnaies nationales ne permettent pas de satisfaire tous les besoins et, en plus, négligent l'utilisation de ressources bien réelles.

Hans Diefenbacher, de l'Institut protestant de recherches interdisciplinaires de Heidelberg, recommandait la même idée en d'autre mots, dans ses réflexions sur les missions d'un système monétaire local ou régional de type Agenda 21 : « Afin d'éviter l'exploitation abusive ou la perturbation des équilibres économiques exercées par les influences extérieures, chaque région devrait pouvoir se doter de sa propre monnaie ou unité de compte, voire, selon les circonstances, de plusieurs, et disposer d'une banque et d'un système de crédit autonomes [6]. »

Concrètement, cela signifie que les monnaies régionales disposent d'un champ d'application beaucoup plus vaste que les monnaies locales (LETS [7] et le *time dollar*) comptabilisées dans le graphique précédent. Les systèmes locaux impliquent rarement plus d'un millier de participants : l'un des réseaux LETS les plus importants au monde, le *Blue Mountain LETS* à Sydney, compte environ mille membres actifs. Face à quoi les monnaies officielles actuelles constituent des réseaux nationaux ou transnationaux de plusieurs millions d'utilisateurs, voire de centaines de millions dans le cas de la zone euro. Un système régional se situe donc dans une fourchette intermédiaire et devrait concerner entre dix mille et un million de personnes.

Les monnaies locales actuellement existantes sont très utiles pour comprendre le système que nous proposons dans cet ouvrage. La plupart de ces systèmes locaux revendiquent une dimension sociale, un objectif d'encouragement de l'esprit de communauté. Mais il est possible de faire évoluer ces systèmes locaux, de les transformer en réseaux plus étendus qui, en s'interconnectant, peuvent devenir une base pour de véritables monnaies régionales,

6. Dienfenbacher (H.), « Lokale Agenda 21 – Zielsetzung, Nachhaltigkeit, Projekte », *Zeitschrift für Sozialökonomie*, 137, 2003, p.16 *sq.*

7. LETS signifie *Local Exchange Trading System* : il s'agit d'un système de monnaie complémentaire mis en œuvre dans les années 1980 en Colombie britannique. En France, ils ont pris le nom de Systèmes d'Échange Local (SEL).

sans pour autant renoncer à leur identité propre et à leur projet initial. Nous en parlerons plus en détail dans le chapitre suivant.

L'expérience pratique des systèmes monétaires locaux démontre que le volume des transactions reste souvent limité, quand bien même le système existerait depuis de nombreuses années. Peu de participants déclarent couvrir plus du tiers de leurs besoins en utilisant des monnaies locales [8]. D'un point de vue macroéconomique, les systèmes monétaires complémentaires ne couvrent pas plus de 1 % des échanges régionaux. La réticence des commerçants à accepter ces moyens de paiement explique, en grande partie, ces chiffres. De fait, les systèmes monétaires locaux représentent aujourd'hui une part trop réduite des échanges pour exercer une influence décisive sur les économies régionales. Cela ne doit pas pour autant remettre en question leur importance sociale car l'être humain est social avant d'être économique.

Cependant, ici, nous préfèrerons ne pas nous focaliser sur la seule dimension sociale de la monnaie : rappelons que notre objectif est d'esquisser une stratégie monétaire capable de compenser les effets négatifs de la globalisation et de définir les contours de systèmes monétaires suffisamment importants pour exercer une influence socio-économique décisive. Il n'est pas question d'isoler les régions des circuits économiques plus vastes pour en faire des unités autarciques. L'autarcie, dans notre monde contemporain, n'est ni réalisable, ni souhaitable. Imaginez la liste des choses dont il faudrait se passer au quotidien si l'on ne nous laissait la possibilité de consommer que ce que produit notre région. L'idéal serait de trouver une solution intermédiaire entre l'autarcie et la délocalisation totale. À ce titre, nous estimons qu'un système régional digne de ce nom devrait être potentiellement capable de couvrir de 10 % à 30 % des échanges économiques au sein d'une région.

8. Dans les cercles LETS de Grande-Bretagne par exemple (le pays en compte environ 350), les participants ne changent en moyenne que 120 euros par an en monnaie LETS.

Pour qu'un système monétaire puisse se prévaloir du qualificatif de « régional », il doit susciter une participation suffisante et exercer une influence économique minimale au sein de sa région. D'autres aspects plus subtils, comme la question de l'identité, sont également en jeu.

De l'utilité d'une croissance endogène

Robert Musil [9] nous montre, en s'appuyant sur une série d'exemples concrets, que les politiques de relance économique régionales utilisant les stratégies traditionnelles n'atteignent finalement pas leurs objectifs. Il distingue les initiatives endogènes des initiatives exogènes – les premières étant seules de nature à rétablir l'équilibre entre centres et périphéries – et parvient à la conclusion que les politiques régionales menées par l'Union européenne ne sont pas en mesure de contenir la fuite du capital, tant financier qu'humain. Il note également que les stratégies endogènes, dont l'objectif est de valoriser le potentiel régional en interconnectant les ressources et le capital humain, ont souvent négligé un facteur essentiel : précisément le facteur monétaire. On comprend aisément que des projets de faible rentabilité ne peuvent être financés avec des capitaux soumis à de fortes contraintes de rentabilité. Robert Musil parle d'un cercle monétaire infernal pour les régions. Avec la fuite des capitaux des régions à faible rentabilité et compte tenu de la faiblesse des liquidités disponibles, les régions périphériques, plus que les autres, ont besoin d'une monnaie adaptée à leurs besoins spécifiques qui ne serait pas soumise aux mêmes contraintes de rentabilité à court terme, qui distribuerait les ressources régionales en fonction d'objectifs d'utilité publique et qui favoriserait une certaine stabilité du capital.

Ainsi se mettrait en place un circuit économique régional dynamique, sortant la région de la stagnation, réduisant l'exode

9. Robert Musil, *Geld, Raum, und Nachhaltigkeit* , Lütjenburg, 2000.

des populations, stimulant le pouvoir d'achat des habitants et les capacités financières des collectivités locales, offrant de nouvelles perspectives d'identification à la région et lui permettant de disposer de nouvelles capacités d'action économique.

Tout cela n'est pas sans rappeler les fonctions d'une monnaie régionale, à ceci près qu'un tel circuit économique permet, en plus, de préserver la diversité culturelle et sociale des différentes régions européennes. Comme le note Robert Musil, la concurrence effrénée et la croissance ont tendance à porter atteinte à la diversité. Or, la diversité ne peut se maintenir que si l'on respecte une certaine fragmentation des espaces [10]. Reinhard Stransfeld nous montre par ailleurs que le sentiment d'appartenir à une communauté ne naît pas de lui-même, mais de la confrontation au monde extérieur. Or, dans un monde globalisé où tout se ressemble, cet extérieur qui vitalise les identités et cimente les communautés n'existe pas : la différenciation tend alors à se faire selon des lignes de fracture sociale [11].

Les monnaies régionales, comme nous allons le voir, renforcent l'autonomie des régions dans la recherche de solutions à leurs problèmes et réduisent leur dépendance vis-à-vis des aides financières émanant des gouvernements centraux. Elles donnent ainsi plus de marges de manœuvre aux régions qui les adoptent.

Quand, sinon maintenant ?

Trois arguments plaident pour l'introduction de monnaies régionales à notre époque. Chacun de ces arguments, qui correspond à une approche différente du problème, va changer notre regard sur les circuits économiques régionaux et nationaux, voire internationaux, et nous sera d'une grande utilité dans la suite de cet ouvrage.

10. Robert Musil, *Ibid.*, p.70.
11. Reinhard Stransfeld, *Regionale Ökonomie als räumlicher Orientierungsansatz für integrierte Nachhaltichkeit*, Materialenband 2B, Karlsruhe, 1999.

1. Les monnaies régionales sont tout à fait cohérentes avec l'évolution vers une société de l'information.

2. La meilleure manière de faire face à l'incertitude caractéristique de notre époque est d'encourager plus de flexibilité et d'expérimentation ce qui est à la fois plus facile et moins risqué à réaliser à l'échelle d'une région plutôt qu'au niveau national ou européen.

3. La convergence et la complexité des problèmes auxquels l'Europe est aujourd'hui confrontée exigeront des solutions radicalement nouvelles.

Un modèle de développement adapté à la société de l'information

Nous devons ce premier argument à un homme assez étonnant : Toshiharu Kato qui a effectué la plus grande partie de sa carrière au METI (anciennement MITI), le ministère japonais de l'Économie, du Commerce et de l'Industrie. Ce ministère est le point de jonction stratégique entre le secteur public et le secteur privé au Japon. À la fin des années 1980, après avoir servi plus de vingt ans dans la fonction publique, Toshiharu Kato est devenu président du Conseil d'administration de la Chambre de l'industrie et des services au METI puis président du *Financial Supervision Committee*, l'autorité de contrôle des marchés financiers, qui dispose d'un droit de regard sur le fonctionnement du yen. Ce seul parcours confère à ses prises de position un pouvoir de persuasion important.

En 1993, Toshiharu Kato a décidé, geste exceptionnel au Japon, de marquer une pause dans sa carrière. Son but initial était de s'installer aux États-Unis pour observer personnellement deux modèles de développement économique fondés sur l'innovation high-tech : la Silicon Valley et la route 128 (qui doit son nom à une route aux alentours de Boston dans l'État du Massachusetts). Quelques grands groupes industriels s'y étaient installés à la fin des années 1980, attirant dans leur sillage une multitude de petites entreprises, à proximité d'universités prestigieuses comme Harvard ou le MIT permettant de bénéficier d'étudiants d'un excellent niveau de formation. La Silicon Valley, à l'autre bout des États-Unis, vient, elle, de la concentration géographique de petites firmes informatiques high-tech et d'entreprises de *venture capital* autour de l'université de Stanford, dans une vallée au sud-est de San Francisco.

Après cette étude comparative, Kato est parvenu à la conclusion que le modèle de développement décentralisé présenté par la Silicon Valley – dans lequel un grand nombre de petites entreprises tissent entre elles un réseau extrêmement dense de relations – était l'avenir du Japon. Dans sa réflexion, Toshiharu Kato a perfectionné et approfondi ce modèle, en le complétant par l'introduction d'une monnaie régionale, appelée *ecomoney* [12].

Ses arguments en faveur du développement de structures économiques décentralisées sont d'une grande pertinence pour l'ensemble des pays du monde, indépendamment du contexte de la crise japonaise dans lequel ils ont été formulés : « Le Japon doit s'efforcer de favoriser dans ses différentes régions l'émergence d'une nouvelle diversité de nature à générer un système socio-économique mettant l'accent sur la communauté. Il doit avancer dans la société de l'information par l'innovation économique et sociale et faire figure de précurseur pour les autres pays. Chaque région développera son propre tissu industriel avec ses propres centres de gravité économique et ses propres communautés innovantes. Les sciences économiques modernes ne nous fournissent malheureusement pas d'informations claires pour une telle stratégie. La vision traditionnelle consiste à déterminer dans quel sens évolue l'économie à partir d'une batterie standardisée d'indicateurs. Cette vision rend impossible l'analyse et la compréhen-

12. Voir un document anglais sur http://ngo.cier.edu.tw/policy/3.7.pdf

sion du passage d'un modèle de développement à un autre. Le véritable devoir de la politique économique est en fait de placer le nouveau modèle de développement au centre du changement économique. Pour mettre cela en œuvre, il ne faut pas se contenter de répertorier les décisions prises par les individus, les entreprises et les acteurs sociaux au niveau macroéconomique, nous devons aussi prendre en considération les interactions entre ces acteurs. Le nouveau modèle de développement du Japon se fonde sur la région. Il nous renvoie à une structure duale, celle de l'économie régionale et de la communauté [13]. »

L'analyse de Toshiharu Kato est remarquable parce qu'il pointe clairement l'incapacité des sciences économiques traditionnelles à rendre compte d'une manière satisfaisante des interactions entre les différents participants d'un système économique. L'analyse économique se concentrant avant tout sur la quantification des échanges, elle ne dispose pas d'outils permettant de déterminer qui fait quoi, par exemple, si un chiffre d'affaires de plusieurs milliards d'euros a été réalisé par une seule entreprise ou par dix mille petites entreprises indépendantes. Ceci est pourtant capital dans une société de l'information, car, si ce chiffre d'affaires a été réalisé par un grand nombre de petites entreprises, cela témoigne de l'existence d'un réseau social et d'échange d'informations très dense et d'une structure économique très diversifiée dont il convient de tenir compte. Comme le pense l'auteur américain John Perry Barlow, qui se bat pour l'extension des droits civiques sur le cyberespace et s'est beaucoup intéressé aux modèles du futur, les relations seront beaucoup plus importantes dans l'économie du futur que la possession des biens eux-mêmes.

---

13. Voir Kato (T.), "Silicon Valley Wave: Toward the creation of the next generation of Information Society", Internet, http://www.ecomoney.net (le texte original est en japonais).

L'économie japonaise actuelle est édifiée sur le modèle de la route 128 que Toshiharu Kato estime inopérant face aux défis de demain. Pour schématiser, ce modèle peut être décrit comme suit: un nombre réduit de très grandes entreprises alimente un réseau de petites entreprises, notamment familiales, dans le cadre de relations d'un client principal à de nombreux petits fournisseurs. Plus encore qu'en Europe ou aux États-Unis, les grands conglomérats japonais sont liés de telle sorte qu'ils forment de véritables géants économiques, les *zaïbatsu* qui ne sont que six au Japon, en tout et pour tout. De fait, l'économie japonaise, extrêmement concentrée, correspond mal aux visions esquissées par Kato. Lui-même en avait conscience. Que nous propose-t-il pour enclencher la dynamique de déconcentration et de décentralisation de l'économie ?

Sa réponse est simple, mais radicalement novatrice : cette évolution ne se fera que par l'introduction et le développement de systèmes monétaires régionaux ! La raison qu'il avance ne manque pas d'intérêt : dans tous les systèmes économiques, le levier de changement le plus important est l'argent. L'entreprise, par exemple, peut être décrite comme une structure s'efforçant d'attirer le maximum d'argent et d'en dépenser le minimum. Partant, le marché devient un espace où les acteurs économiques entrent en concurrence pour l'argent disponible. On comprend donc que la dynamique de l'ensemble du système est considérablement modifiée dès que l'on change le système monétaire. On peut alors envisager une restructuration du système économique beaucoup plus souple et adaptable que par la voie d'une planification ou d'une législation.

Dans l'idée de Kato, la pièce centrale pour réaliser une telle réforme de l'économie japonaise consiste à lancer une nouvelle monnaie, l'*ecomoney* : « L'*ecomoney* est l'argent du XXIe siècle, qui peut servir à l'échange dans des domaines aussi variés que l'environnement, le social, la vie en communauté ou la culture. L'*eco-*

money circule en parallèle avec la monnaie légale. De cette manière, les deux types de monnaies peuvent être utilisés de manière efficace pour la création d'un style de vie approprié [14]. »

Kato ne s'est pas contenté de développer une théorie pour justifier l'utilité des monnaies régionales. Il a coordonné plusieurs expériences de mise en œuvre concrète, dans plusieurs régions du pays. Une quarantaine de systèmes, différant tous par leur ampleur et leur mode de fonctionnement, sont actuellement à l'essai. Ces différents modèles seront présentés de façon plus détaillée dans le chapitre 8, consacré aux innovations monétaires au Japon. Pour l'instant, seul le bilan de Kato nous intéresse : les monnaies régionales ne sont pas une régression dans le passé, comme le prétendent certains analystes. Il y a là, au contraire, un instrument très utile pour gérer l'avenir. Il est clair que de nombreux pays vont rater le coche de la société de l'information, exactement comme certains pays ont manqué les premières opportunités pour passer d'une société agraire à une société industrielle. Certains pays qui comptaient au XIXe siècle parmi les pays les plus sophistiqués, comme la Chine, sont passés à côté du changement économique nécessaire et sont ainsi devenus des pays du tiers-monde pendant le XXe siècle. On voit même aujourd'hui encore combien il est difficile pour ces pays de rattraper le retard pris.

En clair, quand on fait un choix monétaire, on fait aussi un choix de société et de projet d'avenir. Le philosophe allemand Georg Simmel affirmait déjà il y a plus d'un siècle : « Les questions monétaires sont importantes non seulement pour des questions d'inflation ou de déflation, de taux de changes fixes ou flottants, d'étalon-or ou de papier-monnaie, mais elles déterminent aussi le type de société dans laquelle cet argent va opérer [15]. »

14. Voir Kato (T.), "Ecomoney: Its Significance and Possibilities in the 21st century", http://www.ecomoney.net (le texte original est en japonais).
15. Simmel (G.), *Die Philosophie des Geldes*, Berlin, 1907.

Le besoin de flexibilité

Presque tout le monde s'accorde pour dire que nous avançons à toute vitesse vers une société post-industrielle. Une chose est sûre : ce changement promet de bouleverser notre vie d'une façon substantielle et imprévisible. En effet, lorsqu'il s'agit de décrire les conséquences d'une telle mutation, les avis divergent totalement. Pour dire les choses simplement : nous sommes entrés dans une « ère d'incertitude [16] ». Aussi longtemps que nous vivions dans un monde prévisible et contrôlable, il était rationnel de centraliser l'information et de confier la décision à des spécialistes. La gestion de l'information se faisait par le biais de canaux hiérarchiques, suivant des logiques d'ordre et de contrôle.

En revanche, maintenant que nous sommes dans une période de mutation structurelle de la société, il y a de bonnes raisons pour questionner cette approche classique. En effet, si nous continuons à nous accrocher aux structures hiérarchiques et centralisées comme Ulysse à son mât, nous fermerons les yeux sur bien des innovations qui permettraient de maîtriser la situation. Ce tableau comparatif de l'ancien et du nouveau modèle entend montrer ce que le changement implique.

Ancien modèle : l'ère industrielle	**Nouveau modèle : l'ère post-industrielle**
• Prévisibilité et capacité à contrôler le risque. • Centralisation de la connaissance et de l'information. • Primauté des experts dans la définition des solutions appropriées. • Décisions prises de façon verticale.	• Des changements structurels imprévisibles. • Diffusion de l'information et de la connaissance. • Apparition de nouveaux acteurs capables de trouver de nouvelles solutions. • Décisions prises de façon décentralisée.

16. Voir l'ouvrage de Galbraith (J.K.), *The Age of Uncertainty, Houghton Mifflin, 1979.*

Si l'on observe les changements en cours actuellement, on comprend pourquoi les modèles de la fin de l'âge industriel sont amenés à perdre de leur pertinence. Et cela ne concerne pas seulement l'économie ou les entreprises, mais aussi tous les systèmes, physiques, biologiques, sociaux et politiques qui témoignent d'un certain niveau de complexité.

La théorie des systèmes complexes nous montre comment la complexification d'un système ne se fait pas d'une façon linéaire mais procède par à-coups – ce dont ne rend pas compte la théorie newtonienne. À chaque phase de complexification, le système, perturbé, se désorganise toujours un peu plus jusqu'à frôler le chaos. À ce moment, soit il se désagrège et retombe à un niveau de complexité inférieur, soit il se réorganise à un niveau de complexité supérieur et bondit vers un équilibre sur cette nouvelle base. C'est ce qu'a démontré Ilya Prigogine, qui a obtenu le prix Nobel de chimie pour ses travaux sur les processus irréversibles.

Notre société amorce actuellement une phase de complexification très importante et une chose sera essentielle dans cette période de transition : il nous faudra mobiliser au maximum notre capacité d'innovation pour solliciter de nouveaux équilibres.

Selon nous, la meilleure approche pour une telle mobilisation serait d'accorder plus de liberté d'action aux régions. Et, comme Toshiharu Kato l'a démontré à juste titre, davantage de liberté d'action pour les régions implique la nécessité d'introduire des monnaies régionales.

Quelques exemples de domaines d'application

Quand on pense au niveau des investissements qui sont consacrés, par exemple, à l'infrastructure pour les transports routiers afin de faire face à l'augmentation continue des mouvements de marchandises, il est étonnant que la dimension systémique de ce phénomène ne soit pas prise en compte. Comment peut-on se plaindre de la croissance du nombre de camions sur nos autoroutes et ne pas vouloir encourager les échanges intra-régionaux ? Par exemple, ne serait-il pas logique d'investir l'équivalent d'une minuscule fraction de nos dépenses routières dans des systèmes monétaires régionaux pour réduire systémiquement le besoin de transports à longue distance ?

Monnaies régionales et besoins de transports

L'introduction d'une monnaie régionale, grâce à ses effets sur la création locale de richesse, n'est pas sans impact sur la circulation routière. Quand la part de la richesse créée par des échanges au niveau régional augmente, il est logique que les transports de longue distance soient amenés à proportionnellement se réduire puisque la région devient relativement moins dépendante des circuits d'échange nationaux et internationaux. L'amélioration des réseaux d'échange régionaux devient donc une priorité. Aujourd'hui, le tracé des autoroutes, des lignes à grande vitesse et l'emplacement des aéroports montre que les transports de longue distance sont privilégiés. S'agissant des réseaux ferrés, la faiblesse du réseau de petites gares et des liaisons régionales, souvent fermées pour des raisons de rentabilité, pénalise les transports de proximité. Les réseaux actuels mettent l'accent sur la vitesse, ce qui est d'une moindre importance pour les transports de moyenne et courte distance, et pénalisent le développement d'alternatives. Or, les voitures électriques permettent déjà d'effectuer un trajet d'une centaine de kilomètres à une vitesse d'environ 100 km/heure.

Une économie fondée sur les régions se doit d'utiliser les ressources disponibles localement. Peu de régions disposant de ressources en énergies fossiles, il est important qu'elles accordent une place centrale aux énergies renouvelables, celles-ci prenant des formes variables selon les caractéristiques de la région et les ressources dont elle dispose. En matière de circulation automobile, l'accent peut être mis sur les biocarburants renouvelables localement, à condition qu'ils soient respectueux de l'environnement et dérivés de cellulose et pas de produits qui soient comestibles (comme le maïs), ce qui provoquerait un conflit entre nutrition et énergie mécanique. Par ailleurs, une monnaie régionale permet de mettre l'accent sur les recyclages et les retraitements en encourageant des circuits de réutilisation de matières dans la région elle-même.

De même, avec la mondialisation financière, il est de plus en plus rare que l'argent épargné soit investi dans la région ou même le pays d'origine. Dans le système actuel, et comme le montre l'encadré ci-dessous, les régions financent, avec leur épargne, leur propre chômage, la fuite de leurs capitaux et la délocalisation de leurs entreprises vers les économies émergentes. En effet, l'épargne n'est pas investie dans les régions où elle est générée, elle est investie ailleurs et profite à d'autres.

La fuite des capitaux

Richard Douthwaite[17] a montré que, dans les systèmes bancaires irlandais, le rapport entre l'épargne et le prêt est en moyenne de deux à un, c'est-à-dire que quand deux euros sont épargnés en Irlande, seul un euro est réinvesti dans le même pays. Cependant, dans les régions périphériques de l'ouest du pays, ce rapport est de quatre à un, voire de six à un. Ces statistiques montrent que, en raison des critères de rentabilité qui président à l'attribution des prêts, l'épargne placée dans les banques irlandaises est rarement investie dans les régions périphériques dont les structures économiques restent essentiellement rurales. Les prêts sont plutôt accordés dans les villes, où la rentabilité du capital est plus importante. Les conditions du marché du capital font que l'épargne n'est pas réinvestie dans les régions où elle est accumulée.
Notez que l'Irlande est le pays européen qui a connu le plus grand développement grâce à son ouverture sur l'Europe et le monde. Il ▷

17. Douthwaite (R.), Diefenbacher (H.), *Jenseits der Globalisierung – Handbuch für lokales Wirtschaften*, 1998, p.135.

est certain que pour des régions périphériques de pays moins favorisés, ce phénomène doit être encore plus accentué.
Il faut préciser que nous ne critiquons pas ces phénomènes en soi. Ils sont en fait le résultat d'une optimisation économique logique et même bénéfique dans un contexte macroéconomique mondial. Cependant, si on est responsable du développement régional d'une zone plus sinistrée, que faut-il faire ? Nous affirmons qu'une monnaie complémentaire bien adaptée aux caractéristiques de la région est le mécanisme le plus efficace pour contrebalancer ce phénomène. Et nous montrerons que ceci est possible sans bloquer ou nuire à l'allocation des ressources par le mécanisme de l'économie desservie par les monnaies conventionnelles.

La situation particulière de l'Europe

Le monde en général, et l'Europe en particulier, est à une croisée des chemins. Nous sommes confrontés à une convergence sans précédent de problèmes inédits, comme le changement de climat, l'extinction d'espèces, le vieillisement de la population, l'instabilité monétaire et financière, etc. Ensemble, ces problèmes créent une situation radicalement neuve. C'est pourquoi nous proposons de prendre en considération des instruments d'action tout aussi radicalement neufs. Les monnaies régionales en font partie.

Une chose est sûre : l'Europe serait en meilleure position pour faire face aux défis du XXIe siècle avec une combinaison de l'euro et de monnaies régionales qu'avec les anciennes monnaies nationales.

Le chapitre suivant décrit certaines propriétés de ces monnaies et donne quelques idées concernant le choix du type de monnaie régionale qui serait le plus utile.

5.
Choisir une stratégie monétaire régionale

Dans ce chapitre, nous fournirons à toutes les personnes qui voudraient lancer un système monétaire régional ou complémentaire un panorama de ce qui est réalisable en la matière. Aujourd'hui, les exemples dans le monde de monnaies complémentaires sont nombreux et très variés : nous proposons en annexe de ce livre une typologie assez complète des différents types de monnaies complémentaires et les critères de choix qui nous semblent importants pour leur mise en œuvre.

Tout comme le choix de la stratégie, le choix du processus d'introduction d'une monnaie régionale est une étape très importante, qui doit être décidée et préparée en cohérence avec les possibilités de financement. À ce titre, on peut dénombrer trois possibilités :

1. Le processus peut être amorcé par la base, auquel cas il s'agit de convaincre les différents groupes sociaux en présence des avantages présentés par la nouvelle monnaie régionale. Cette approche est préconisée dans les contextes où il semble pertinent de procéder progressivement et dans les cas où le projet ne reçoit que peu de soutien financier initial. Ce fut le cas de tous les projets Regio dans les pays germanophones décrits plus tard dans ce chapitre.

2. Une approche par le sommet peut permettre d'accélérer le processus d'introduction : il s'agit dans ce cas de chercher l'appui des décideurs régionaux ou le coup de pouce financier d'une institution ou d'un gouvernement. Cette démarche doit être préconisée dans les contextes où les problèmes que l'on entend résoudre grâce à l'introduction d'une monnaie régionale ont atteint un stade assez avancé et lorsque les moyens nécessaires peuvent être plus facilement mis à disposition. C'est le cas du projet SOL en France dont nous parlerons dans le chapitre suivant.

3. Il existe aussi une approche mixte qui consisterait à interconnecter des initiatives déjà existantes pour former un nouveau système monétaire : cercles d'échange, banques coopératives, etc.

Bien entendu, tout processus d'introduction d'une monnaie régionale contiendra une part plus ou moins importante de chacune de ces trois approches : une approche par la base ne pourra pas faire l'économie du soutien des décideurs régionaux, de même qu'un projet introduit par le sommet ne pourra porter ses fruits sans gagner la confiance de la population et des différentes institutions existantes. Ceci étant, chacune de ces approches présente des inconvénients que les initiateurs doivent bien prendre en considération avant de se décider à passer à l'action.

Le processus par la base

Dans la version allemande de cet ouvrage, publiée en 2004[1], nous avions préconisé une approche par la base, c'est-à-dire progressant par étapes et s'adaptant avec une certaine flexibilité à la situation spécifique de la région, à ses problèmes et ses ressources sous-utilisées, et aux autres données du contexte. Cette approche est particulièrement adaptée quand il y a peu d'expériences

1. Margrit Kennedy & Bernard Lietaer, *Regionalwährungen : Neue Wege zu nachhaltigem Wohlstand*, Munich, Riemann Verlag, 2004.

concrètes disponibles. Aujourd'hui, cela devient moins le cas, grâce aux regios et autres monnaies régionales qui peuvent maintenant servir de modèles.

Il est d'abord utile de se demander quel est l'objectif précis poursuivi par l'initiative de la monnaie régionale envisagée. On ne crée pas une monnaie complémentaire simplement parce que cela semble une bonne idée en soi ou parce que d'autres l'ont fait. Il est important de clarifier exactement le ou les objectifs pour identifier les participants qu'il est indispensable d'intégrer dans l'équipe de réalisation et pour déterminer le niveau de sophistication technologique et les modèles déjà existants dont il serait utile de s'inspirer.

Répétons que l'objectif n'est pas une autarcie, utopique dans le monde d'aujourd'hui et, d'ailleurs, non nécessaire. Dans la présentation générale esquissée au chapitre 1, il n'est pas question de mettre un terme à la mondialisation, mais seulement de la faire changer de direction en équilibrant les échanges mondiaux par une activation des échanges régionaux.

Sur la base des arguments développés dans les chapitres précédents, parmi les objectifs qu'il est légitime de poursuivre pour mettre en place une monnaie régionale, on peut mentionner :

– améliorer l'autonomie de l'économie régionale vis-à-vis des circuits de l'économie globale, par exemple en mettant en place un mécanisme anti-cyclique qui amortit les effets du cycle économique mondial ou national ;

– contribuer au développement d'un système de financement et d'échange durable qui permette de protéger contre les impondérables de l'instabilité financière globale ;

– fournir aux petites et moyennes entreprises un nouveau type de liquidités financières permettant leur survie en cas de crise et le lancement de produits et de services régionaux pendant les périodes plus normales ;

– réduire le chômage et renforcer la création de valeur et des revenus dans la région ;

– permettre une meilleure connexion entre le producteur et le consommateur et, sur cette base, réduire les coûts et les émissions de carbone liés aux transports des biens de consommation ;

– renforcer la dimension régionale des équipements d'infrastructures, tels les transports ou la fourniture d'eau et d'électricité ;

– renforcer l'identité régionale ;

– encourager les échanges intra-régionaux ;

– accompagner un changement de cap qui autorise lui-même bien d'autres changements.

Évidemment, au début, il vaut mieux ne pas poursuivre tous ces objectifs en même temps. Au contraire, la première décision est de choisir par lequel ou lesquels de ces objectifs on veut commencer et le(s) lancer comme projet pilote. Ensuite, on peut graduellement élargir le champ d'action et les mécanismes qui permettent d'inclure des objectifs additionnels, des zones géographiques et/ou des acteurs économiques plus importants.

L'importance de la qualité du leadership

Edgar Cahn, le fondateur des systèmes de monnaies complémentaires *Time Dollar* et *Timebank*, a contribué au lancement de plus de trois cents systèmes de monnaies complémentaires dans une vingtaine de pays [2]. Sur la base de cette expérience, il en est arrivé à la conclusion que l'indicateur le plus infaillible pour prédire le succès d'une monnaie complémentaire est la qualité du leadership, de la personne ou de l'équipe qui va introduire le système. En fait, le lancement d'une monnaie est avant tout une question de crédibilité auprès des utilisateurs. La clé du succès consiste en effet à convaincre les participants ciblés (par exemple, les commerçants locaux, la société civile, les autorités locales et

2. Edgar Cahn a développé en 1982 son concept de *Time Dollar*, un système de monnaie complémentaire de crédit mutuel avec l'unité de compte heure. www.timedollar.org. Voir l'annexe plus détaillée sur le crédit mutuel et les détails techniques dans Bernard Lietaer, *The Future of Money : Creating New Wealth, Work and a Wiser World*, London, Random House, 2001.

régionales, etc.) d'accepter la monnaie régionale au moins en paiement partiel ce qui demande des qualités de communication humaine de premier ordre.

Gernot Jochum-Müller, l'un des initiateurs du projet Regio dans le Vorarlberg, en Autriche, voit dans la plupart des projets de monnaies complémentaires deux problèmes classiques : un surplus d'idéalisme et un déficit en connaissances élémentaires en matière d'organisation. À cela s'ajoute le fait qu'il faut « créer deux systèmes en même temps : un système monétaire et un système social. Les exigences sont donc complexes. L'ensemble ne fonctionne que lorsque le marché a atteint une certaine taille et que le système social se développe en parallèle avec le système monétaire [3]. » En effet, sans apprentissage social, les principes qui sont au cœur de ce concept – la solidarité, la transparence et le contrôle démocratique – ne peuvent être garantis.

Enfin, il faut se rappeler que le domaine des monnaies complémentaires en général, et celui des monnaies régionales modernes en particulier, en est à ses débuts. On n'a pas encore atteint un stade de maturité où des recettes toutes faites constituent une garantie de succès. Dès lors, on peut s'attendre à ce que des situations inattendues apparaissent et que des solutions créatives soient inventées et appliquées. Donc, en plus des qualités de communication, il faut une intelligence à la fois créative et pragmatique. Trouver toutes ces qualités réunies dans une seule personne reste exceptionnel et il semblerait plus facile de constituer une équipe possédant toutes ces compétences. Une recommandation simple permettra d'éviter bien de déboires : adapter les termes du projet, sa complexité et son étendue géographique, à la crédibilité et à l'expérience de l'équipe. Le vieux dicton « qui trop embrasse, mal étreint » est de rigueur dans ce domaine. On n'envisagera donc d'amplifier ultérieurement un projet qu'après

3. Gernot Jochum-Müller, « Eine Eigene Währung », 28 mai 2003, www.sonews.ch

avoir prouvé la capacité d'une équipe à fournir des résultats à un niveau plus modeste...

Décisions-clés

Après la détermination des objectifs, la seconde question qui se pose à cette équipe est la suivante : comment faire un choix entre les différentes stratégies possibles de monnaies régionales ?

Il est donc nécessaire de préparer minutieusement le choix et l'introduction de la nouvelle monnaie. Il faut, après avoir défini le ou les objectifs que l'on entend assigner à la monnaie, avoir une excellente connaissance de la région, identifier ses besoins et ses ressources potentielles ou inutilisées. Ce n'est qu'une fois ce travail préparatoire effectué que l'on pourra choisir le type de monnaie qui semble le mieux adapté.

La chance se présente rarement plus d'une fois : il est tout à fait possible que la solution choisie marche d'emblée et connaisse le succès, mais il arrive également que l'expérience rencontre des difficultés pendant un certain nombre d'années, faute de soutien. Il est important de rester en contact avec les autres groupes qui sont à l'initiative de monnaies complémentaires dans le monde, de façon à partager les expériences des uns et des autres. Il faut aussi avoir le courage de revoir ses décisions quand cela se révèle nécessaire...

Dans ce chapitre, nous allons analyser, en nous appuyant sur les regios déjà existantes en pays germanophones, les critères à retenir lors du choix de la nouvelle monnaie. La phase d'introduction de la monnaie sera analysée dans le chapitre suivant.

Les regios dans les pays germanophones

La version allemande de ce livre a donné l'impulsion à ce jour à 63 projets Regio dans la zone germanophone (surtout en Allemagne, mais également en Autriche et en Suisse). 28 de ces systèmes sont opérationnels en 2008, et 35 en sont au stade préparatoire avant leur lancement. Le coauteur du présent ouvrage, Margrit Kennedy, a lancé en Allemagne, une association d'utilité publique qui s'est institutionnalisée ultérieurement sous le nom de Regiogeld pour encourager les échanges d'expériences entre ces systèmes. C'est pourquoi nous ferons allusion fréquemment aux monnaies régionales lancées dans ces pays. Les détails de cet historique seront décrits plus loin dans un encadré. Pour des raisons de facilité, on a décidé de donner comme nom générique à ces différentes monnaies régionales le terme « regio ».

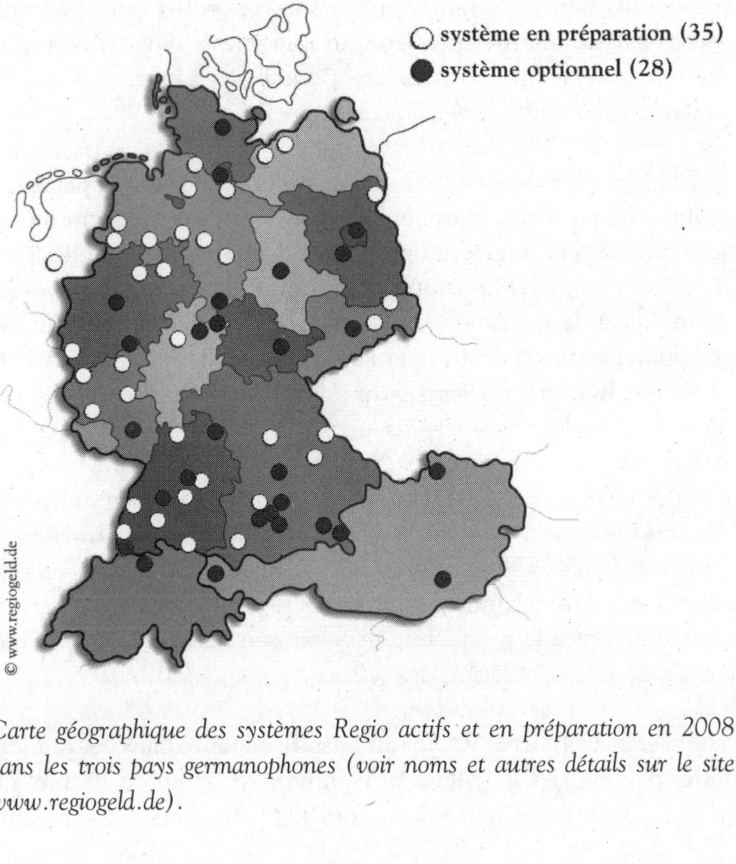

Carte géographique des systèmes Regio actifs et en préparation en 2008 dans les trois pays germanophones (voir noms et autres détails sur le site www.regiogeld.de).

Les premières initiatives allemandes en matière de monnaies régionales ont vu le jour dans des régions rurales (Chiemgau, Mangfalltal, Allgäu, Neumarkt, Münsterland, etc.) Dans ces régions à dominance agricole, relativement isolées des grands centres industriels, les agriculteurs et les habitants ont bien compris que le développement local durable n'est possible que si l'on enclenche une dynamique endogène et que l'on mobilise l'ensemble des ressources dont dispose la région. Aussi, de nombreuses exploitations agricoles ont-elles cherché à maximiser leur production en énergies renouvelables pour se rendre moins dépendantes des circuits d'approvisionnements énergétiques nationaux, très coûteux. De plus, certains petits entrepreneurs ont essayé de maintenir la création de valeur dans la région et d'inscrire leurs activités dans des circuits d'échanges plus réduits et plus respectueux de l'environnement.

Dans les régions où une monnaie regio est devenue opérationnelle, on a pu observer également que les entreprises agricoles se sont associées et ont développé collectivement de nouvelles stratégies de commercialisation de leurs produits, avec leurs propres marques et leurs propres réseaux de distribution au niveau régional. De plus, la culture et l'artisanat local ont été revalorisés au profit du tourisme, sans pour autant qu'il s'agisse de folklore artificiel. Car les artisans, plus impliqués qu'auparavant grâce à la redynamisation des circuits économiques locaux, ont retrouvé une nouvelle raison d'être. Le mouvement vers une agriculture et des produits bio a également vite suivi. Depuis les grands scandales sanitaires et alimentaires qui ont bouleversé les consommateurs européens (comme la crise de la vache folle), le lien de proximité entre le producteur et le consommateur s'est renforcé, même dans la population des villes.

Diverses initiatives Regio ont ensuite démarré dans des grandes villes comme Berlin, Munich, Hamburg, Aachen ou Brême. De plus, il y a des systèmes qui ne font pas officiellement partie du réseau des regios mais qui ont beaucoup de leurs caractéristiques. Mentionnons par exemple le groupe qui s'est constitué autour de Dietlind Rinke, directrice de publication du *Bremer Roland*, qui encourage la commercialisation des produits de l'agriculture biologique de la région de Brême, au Nord-Ouest du pays, avec une monnaie spécialisée du nom de *roland*. Non seulement ce système facilite les échanges et les ventes des produits biologiques, mais il a également permis la création des comptes d'épargne et des emprunts en euros pour les utilisateurs du *roland*, qui, par ce biais, financent aussi des investissements pour les producteurs.

Chacun des systèmes Regio est un peu différent des autres. On peut cependant observer deux grandes familles : certaines ont d'abord opté pour la stratégie des bons (achetables et remboursables avec des euros) ; d'autres, surtout en Allemagne de l'Est, ont choisi la technique des cercles coopératifs (où les euros n'interviennent pas du tout).

Il y a cependant deux éléments communs à tous les regios : des valeurs et des critères de qualité sont requis lors de l'introduction d'une monnaie complémentaire pour avoir le droit de faire partie du réseau *Regiogeld* et l'accès à une équipe technique de support compétente qui comprend des avocats, des banquiers, des spécialistes informatiques et des organisateurs sociaux.

Spécifiquement, pour qu'une initiative de monnaie complémentaire puisse faire partie du réseau des regios, il faut qu'elle obéisse aux huit critères suivants[4] :

1. Le système doit être gagnant-gagnant pour tous les participants.
2. Il doit être organisé en vue du bien commun.
3. Il doit faire l'objet d'une mise en œuvre professionnelle.
4. La transparence des comptes et des mécanismes en jeu vis-à-vis des utilisateurs doit être totale.

---

4. Voir plus de détails dans http://www.regiogeld.de/verband.html

5. Un contrôle démocratique doit pouvoir être exercé par les utilisateurs.

6. Le système doit bénéficier d'un financement ou d'une stratégie financière durable.

7. La circulation doit être garantie.

8. Il sera animé d'une volonté de collaboration avec les autres projets Regio.

Un autre principe qui est recommandé (sans être obligatoire) et qui a été respecté sans exception jusqu'à présent, est d'éviter de demander des intérêts sur les emprunts effectués dans ces monnaies.

Dans l'encadré suivant quelques éléments historiques du mouvement Regio en pays germanophones sont résumés.

Le mouvement Regio germanophone

En août 2003, le réseau *Regionetzwerk* fut lancé à l'initiative de Margrit Kennedy, avec comme objectif de promouvoir la coopération et l'apprentissage entre les différents projets Regio dans la région germanophone. Ce réseau fut institutionnalisé en 2006 en une organisation officiellement reconnue sous le nom de *Regiogeld-Verband* (voir statuts légaux et liste de participants dans www.regiogeld.de). En janvier 2004, le *KannWas*, la première monnaie conçue dès le début pour opérer à l'échelle d'un *Land* (une région reconnue administrativement en Allemagne comme un État politiquement indépendant), fut introduite dans le *Land* de Schlesswig-Holstein. Le *Justus*, lancé en mars 2004, fut, lui, le premier regio à fonctionner sans euros dans un modèle de cercle de coopération c'est-à-dire qu'on n'achète pas cette monnaie avec des euros mais on les obtient en fournissant un bien ou un service payable en cette monnaie.

Une vague médiatique accompagna le lancement du *Berliner* en février 2005, parce qu'il fut inauguré en présence de personnalités éminentes comme Wolfgang Thierse, à cette époque président du *Bundestag* (le parlement allemand). Le *Berliner* est imprimé dans la *Bundesdruckerei*, la même imprimerie qui produit les euros pour la Banque centrale allemande. Ce qui a conduit l'agence DPA à annoncer que cette monnaie était destinée à remplacer l'euro à Berlin, erreur qui fut vite corrigée.
Parmi les autres regios opérationnels, mentionnons le *Volmetaler* dans la ville de Hagen, le *Bürgerblüte* à Kassel, le *Sterntaler*, qui opère des deux côtés de la frontière entre l'Allemagne et l'Autriche, et qui mérite une mention particulière parce qu'il est la première monnaie à combiner, comme unité de mesure, l'heure et une unité équivalente à l'euro. Cette expérience est reproduite en Autriche en 2008 avec la version papier du système Regio de Vorarlberg. Il a également été testé par Heidemarie Schwermer, cette femme qui avait parié de vivre sans argent dont nous avons parlé dans le chapitre 2.

Après la réunification des deux Allemagnes, l'Allemagne orientale a éprouvé des difficultés économiques plus aigües que le reste du pays. Une organisation qui regroupe un sous-ensemble de projets Regio fut créée sous le nom de RIO (Regio Initiativen-Ost, c'est-à-dire Initiatives Regio de l'Est). Dans ces régions, les gens et les commerces n'ayant pas assez d'euros pour acheter leur monnaie régionale avec la monnaie officielle, le système de cercle coopératif a été appliqué à la place. C'est le cas, entre autres, du *Urstumtaler* qui circule dans l'État de Sachsen-Anhalt ou du *Havenblüten* de la ville de Potsdam. Quand une entreprise s'engage à accepter la monnaie régionale, elle reçoit également un droit de crédit dont les montants varient avec le pourcentage de monnaie régionale qu'elle accepte pour ses propres produits ou services et avec le nombre d'employés à qui elle donne du travail. Des citoyens peuvent similairement s'affilier individuellement, soit en offrant des services payables dans la monnaie, soit en acceptant une partie de leur salaire en cette monnaie.

En Autriche, le *Arbeitkammer*, une institution du gouvernement central autrichien dont la fonction est de promouvoir l'emploi, a financé sept emplois à plein temps pour lancer et faire tourner avec succès le *Waldviertel*, afin de relancer l'économie dans la région économiquement la plus défavorisée du pays.

Mentionnons encore que le projet Regio a fait naître un autre réseau spécialisé en Allemagne : celui des compétences professionnelles sous le nom de FKN (abréviation de *Fachkompentenznetwerk*), qui fournit des conseils professionnels (juridiques, bancaires, économiques, informatiques, fiscaux, etc.) au réseau Regio. Il compte dix-huit membres plus deux membres correspondants. Une partie de FKN se consacre à l'évaluation des résultats des différents modèles de monnaies régionales ou à la manière d'intégrer des groupes de trocs commerciaux dans des projets Regio. Une autre étude en cours concerne les relations entre monnaies régionales et monnaies de loyauté. En effet, en Allemagne, comme partout ailleurs, de grosses chaînes de distribution émettent des monnaies de fidélité (sur le modèle des Miles que nous avons mentionné dans le chapitre 3). Ces monnaies sont des monnaies complémentaires qui ont parfois certains aspects similaires à ceux des regios mais qui n'ont pas les mêmes valeurs sociales. La région d'Osnabruck et Emsland envisage de promouvoir une expérience qui permettrait d'intégrer des monnaies de fidélité à des monnaies régionales.

Finalement, mentionnons qu'il y a une composante académique à ce mouvement, sous le nom de « réseau d'accompagnement de recherche » *(Begleitforschungs-Netzwerk)* qui travaille en allemand et en anglais. Ainsi il y a dix-sept thèses de fin d'études qui ont été complétées à ce jour sur le sujet des monnaies complémentaires, dont douze spécifiquement sur les regios. Cinq thèses de maîtrise et quatre de doctorat sont en préparation [5].

5. Pour plus d'informations à ce sujet, vous pouvez contacter Muriel Herrmann (muriel.herrmann@regiogeld.de).

Une monnaie régionale ne présentera un gain pour chacun, c'est-à-dire qu'elle ne sera un jeu gagnant-gagnant pour tous, que si ce gain est clairement identifiable par les participants. Ce bénéfice n'est pas nécessairement matériel, il peut aussi consister en un sentiment positif, comme celui de contribuer à un projet collectif dans la région.

Une stratégie intégrale pour le développement monétaire régional

Idéalement, la monnaie régionale fait partie intégrante d'une stratégie cohérente de développement régional. Au vu des expériences déjà obtenues dans ce domaine, trois composantes se sont révélées très utiles dans ce contexte.

– un système de bons, achetables en euros, assurant la fonction de moyen de paiement ;

– un cercle de coopération, c'est-à-dire un système de compensation permettant l'échange des biens et des services sans nécessité de faire intervenir l'argent officiel ;

– une banque régionale coopérative, qui comme toutes les banques, permet de constituer une épargne et de fournir du crédit, mais qui, contrairement aux autres banques, accorde à ses membres des prêts à taux zéro, liés à un plan d'épargne simple et clair, sur le modèle de la banque JAK en Suède, qui connaît un véritable succès depuis quarante ans.

Notez que la combinaison de ces trois composantes permettrait à une stratégie monétaire régionale de remplir presque toutes les fonctions classiques de l'argent, mais où chaque fonction est remplie par une institution spécifique. Le système de bons, fonctionnant comme de l'argent liquide, permet de payer les petites dépenses de la vie quotidienne et assure la fonction de moyen de paiement. Le cercle de coopération remplit la fonction d'unité de compte. La banque coopérative, comme garante du crédit et administratrice de l'épargne, assure les fonctions de réserve de valeur.

Aux trois fonctions classiques de la monnaie, il est important d'en ajouter une quatrième : selon Rudolf Steiner, elle devrait aussi devenir un instrument de don et pourrait remplir une fonction éthique si on lui assigne un certain nombre d'objectifs sociaux ou d'intérêt général. Chacune de ces composantes peut se justifier et être introduite séparément, mais leur combinaison produit des effets de synergie et garantit le succès de la nouvelle monnaie.

En théorie, une monnaie conventionnelle, comme l'euro, est supposée fournir ces trois fonctions classiques en même temps. En pratique cependant, il est fréquent que certaines de ces fonctions finissent par être sacrifiées, par exemple l'inflation et l'instabilité monétaire rendent la fonction d'épargne aléatoire. Par contraste, dans le domaine des monnaies complémentaires ou régionales, il est souvent préférable d'avoir des monnaies spécialisées qui ne remplissent chacune qu'une ou deux de ces fonctions classiques. Ensuite, en les combinant, on met en route des synergies qu'aucune monnaie – même l'euro – n'est capable de produire à elle seule.

Insistons une fois encore : il n'est pas question – même en combinant les trois composantes annoncées jusqu'ici – de vouloir remplacer l'euro, mais simplement de jouer un rôle complémentaire à l'euro. L'euro est et doit rester la monnaie avec laquelle on continuera de payer les taxes au niveau national et qui gardera des fonctions irremplaçables non seulement à l'échelle des États-nations, mais également à l'échelle européenne et globale. Mais les arguments des chapitres précédents nous permettent d'affirmer que continuer d'imposer le monopole d'une seule monnaie serait faire preuve d'une orthodoxie théoriquement et pratiquement dépassée, une orthodoxie incompatible avec les besoins des citoyens et des régions, et plus encore face à la nécessité de résoudre les problèmes prévisibles que l'Europe devra affronter dans les prochaines décennies. Les objections que nous pouvons attendre de la part de ceux qui ont eu l'habitude de jouir de ce monopole – le secteur bancaire en général, et la banque centrale européenne en particulier – seront détaillées dans le chapitre 7.

Nous répondrons également aux objections généralement émises prétendant que ces monnaies peuvent provoquer de l'inflation ou qu'elles encouragent le travail au noir.

Explorons à présent en détail le contenu de chacune de ces trois composantes.

Le système de bons

Qui n'a jamais vu ces bons multicolores émis par les chaînes de restaurants ou les centres commerciaux qui atterrissent dans nos boîtes aux lettres avec la promesse de réductions sur tel ou tel achat ? Pourquoi les régions ne pourraient-elles pas utiliser un système comparable ? Cette idée a été proposée à l'occasion d'un colloque qui s'est tenu en 2002 à Steyerberg (Basse-Saxe) et est devenue aujourd'hui la base d'un projet bien concret, qui rencontre un succès incontestable parmi les participants de tous les secteurs.

Le *Chiemgauer* est un bon qui fut initialement émis par l'école Steiner de Prien am Chiemsee : l'initiateur du projet, Christian Gelleri, l'a pensé d'emblée comme un moyen d'échange complémentaire local[6]. Le système mis au point par Gelleri se fonde sur une idée simple : créer un moyen de paiement contribuant au développement de la région et s'assurer le soutien des commerçants et des petits entrepreneurs locaux en leur proposant un espace publicitaire. Les commerçants impliqués dans le projet – c'est-à-dire ceux qui acceptent les *Chiemgauer* comme moyen de paiement – reçoivent en échange de leur soutien un espace publicitaire dans différentes revues et publications. Ce « marché » est

6. Christian Gelleri enseignait l'économie à la Waldorfschule de Prien, en Bavière, et il a conçu ce projet initialement comme un exercice pratique pour ses étudiants et étudiantes.

très intéressant pour les petits commerçants, dont les dépenses de publicité représentent en général entre 5 % et 10 % du chiffre d'affaires. Les frais d'acquisition d'un nouveau client sont encore plus élevés.

Toute personne ou association locale qui souhaite s'impliquer dans le système doit acheter des bons auprès de la centrale d'émission – à l'origine, il s'agissait de l'école de la ville – et reçoit un bonus, qui s'élève à environ 3 % de la valeur nominale. On obtient donc 103 *Chiemgauer* pour le prix de 100 euros.

Comment fonctionne un Chiemgauer ?

Les personnes intéressées achètent ces *Chiemgauer* uniquement avec des euros. Avec ces bons, les participants peuvent payer les commerçants qui les acceptent. Les commerçants qui reçoivent ces bons ont alors un choix : soit ils demandent à échanger leurs bons contre des euros, auquel cas ils doivent payer des frais de change équivalant à 5 % de la somme; soit ils les utilisent pour payer des fournisseurs, auquel cas ils ne perdent pas ces 5 %. Avec ces bons, ils peuvent, s'ils le souhaitent, rémunérer en partie leurs salariés, ou, par exemple, payer la publication d'une petite annonce commerciale dans le journal local. La centrale d'émission couvre ses frais d'émission (impression, etc.) avec la marge de 2 % qui se dégage entre le bonus de 3 % garanti aux acheteurs et les 5 % de frais de change.

Ce sont les parents de l'école qui, les premiers, ont acheté des *Chiemgauer*. Par le biais d'un système d'abonnement qui leur permettait d'échanger, par exemple, tous les mois, 200 euros contre 206 *Chiemgauer*, ils ont donné l'impulsion nécessaire au lancement du projet et à son bon fonctionnement. Les marges dégagées grâce à ces abonnements ont permis à l'école de financer des travaux d'agrandissement. Petit à petit, d'autres initiatives et d'autres participants se sont associés au système, qui s'est bientôt étendu à toutes les zones de la région [7].

---

7. Voir les détails de l'expansion géographique et des participants sur le site www.chiemgauer.info

La circulation de la monnaie est garantie par une sorte de système de redevance. Techniquement, cela s'appelle un demurrage, l'équivalent du coût de parking pour l'argent. C'est exactement l'inverse d'un intérêt : plutôt que de recevoir des intérêts parce qu'on garde l'argent dans un compte, le demurrage est un coût pour motiver la circulation de l'argent. Dans le cas du *Chiemgauer*, au début de chaque trimestre, on doit coller sur les bons un timbre équivalant à 2 % de sa valeur faciale, pour que la monnaie reste valable. Les revenus générés par les timbres assurent une rentrée d'argent supplémentaire pour financer différents projets de nature sociale. En 2008, une enquête auprès des utilisateurs du *Chiemgauer* a été réalisée pour décider s'il valait mieux simplifier le système en éliminant ou réduisant la fréquence des charges de demurrage. La surprise fut que les commerçants, qui initialement étaient méfiants vis-à-vis du demurrage, sont maintenant enthousiastes. Un propriétaire de cinémas, par exemple, expliquait qu'il y a chaque fois un afflux de clients nouveaux qui se manifestent pendant les dernières semaines du trimestre parce qu'ainsi les gens peuvent éviter d'apposer eux-mêmes les timbres de demurrage. Pour les commerçants, ce sont les meilleures semaines du trimestre !

Une étude réalisée sur la circulation du *Chiemgauer* a également révélé que les bons en *Chiemgauer* circulent en moyenne vingt fois par an, comparativement à seulement trois fois et demi pour des euros. C'est-à-dire que le *Chiemgauer* crée presque six fois plus d'affaires et d'emplois que l'euro !

Fin 2006, ils ont commencé également à émettre des *Chiemgauer* électroniques qu'ils appellent les *e-Chiemgauer*. Après deux ans, ils circulent environ dix fois par an, ce qui est la vélocité qu'avaient atteint les bons après deux ans.

Au début, les commerçants avaient tendance à échanger leurs *Chiemgauer* pour des euros à la première occasion. Maintenant, ils utilisent de plus en plus les *Chiemgauer* pour effectuer les paiements à leurs propres fournisseurs, ce qui leur permet d'éviter de payer les 5 % de frais de change. Cela explique également pourquoi la vélocité de circulation augmente après plusieurs années d'utilisation.

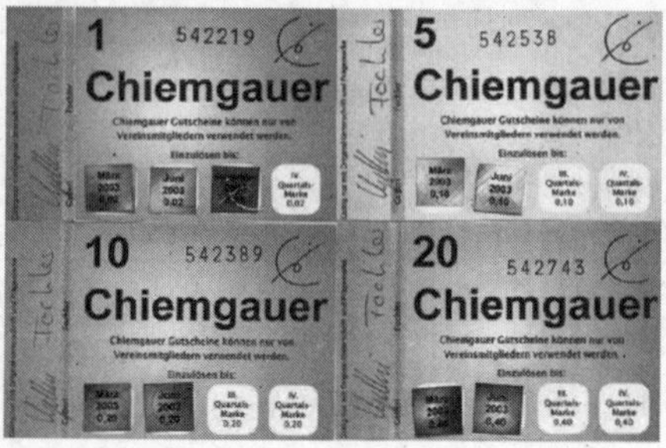

L'effet sur tous les participants est clair : ils paient en *Chiemgauer* dès qu'on leur en offre la possibilité et préfèrent dépenser le *Chiemgauer* à l'euro, surtout pour certains types d'achats. Et c'est bien le but. Les entreprises participantes de la région ont tout lieu de s'en réjouir puisque leurs activités ne s'en portent que mieux. Et les recettes du système profitent à des projets environnementaux, sociaux ou culturels portés par des associations locales. Par exemple, l'école Waldorf reçut ainsi un revenu supplémentaire de quelque 6 000 euros en 2007.

Les commerces qui acceptent ce moyen d'échange doivent consentir à un petit coût supplémentaire. Mais cela reste moins cher que les moyens traditionnels disponibles pour attirer des nouveaux clients ou garder les anciens : la publicité, les réductions de prix ou les bons à découper dans les journaux. De plus, ils savent que cette perte financière, du reste peu importante, soutient les activités des associations locales. Par ailleurs, contrairement aux cartes de réduction proposées par certains grands magasins, les informations relatives au client ne sont pas utilisées à des fins commerciales [8].

---

8. voir www.chiemgauer.info

L'avantage du système est que l'on peut changer ses bons en euros, et inversément, selon les dépenses que l'on doit effectuer. L'existence de cette passerelle entre les deux systèmes monétaires permet également d'éviter un gonflement irresponsable de la masse de *Chiemgauer* en circulation.

Le *Chiemgauer* s'est associé récemment à un système local voisin, le *Sterntaler*. Ensemble, ils sont maintenant utilisés par huit cent vingt commerces et entreprises divers. Dix succursales de banques locales sont maintenant émettrices de *Chiemgauer*, ainsi que trente autres négoces. Le volume en circulation atteint l'équivalent de plus de 250 000 euros à la mi-2008, dont 130 000 sous forme de bons et 120 000 sous forme électronique. Ces montants peuvent paraître modestes, mais ils créent quand même un chiffre d'affaires équivalant 3 800 000 euros par an pour l'économie régionale [9]. De plus, comme la moyenne des négoces n'accepte le paiement en *Chiemgauer* en moyenne qu'à 80 % du prix total[10], il faut multiplier ce chiffre d'affaires par un tiers pour atteindre un total de 4 750 000 euros [11]. Finalement, on estime qu'une fois que des clients obtiennent des informations sur un négoce par le réseau *Chiemgauer* ou par son site sur la toile, ils achètent en euros directement, même lorsqu'ils n'ont pas de *Chiemgauer* à dépenser. Ce volume par « ricochet » est estimé au minimum à un demi-million d'euros. Cela veut dire que le modeste volume de 200 000 *Chiemgauer* génère un volume d'affaires et d'emplois correspondant à plus de 5 000 000 euros.

Il est intéressant de remarquer que des banques se sont également mises à encourager le *Chiemgauer* parce que les participants placent leurs euros sur un compte bancaire et ne les retirent que quand ils ont besoin de *Chiemgauer*. C'est pourquoi la banque

9. 130 000 *Chiemgauer* en bons en circulation x 20 = 2 600 000 et 120 000 *Chiemgauer* en circulation x 10 = 1 200 000 en 2008.

10. La plupart des négoces acceptent les *Chiemgauer* à 100 %, mais dans le commerce en gros entre négoces, c'est rarement le cas, avec une moyenne de 70 % d'acceptation de *Chiemgauer*. Gelleri estime qu'en moyenne, sur l'ensemble des transactions, l'acceptation est de l'ordre de 80 %.

11. 3 800 000 euros divisé par 0,8 représente 4 750 000 euros.

GLS collabore maintenant étroitement avec les organisateurs du *Chiemgauer*. Grâce à ce partenariat, on peut maintenant retirer des *Chiemgauer* dans certains distributeurs automatiques de billets dans la région. De plus, les capitaux avec lesquels les *Chiemgauer* sont achetés s'accumulent au fil des années et peuvent être distribués sous forme de crédits à court terme, par exemple à une petite entreprise en difficulté qui aurait besoin de rembourser un découvert.

En Australie, dans un projet comparable, quoi qu'avec une orientation plus commerciale, 70 % des bons avaient été échangés en dollars à la fin de la première année. La deuxième année, seuls 7 % des bons avaient été changés : les dollars déposés sur les comptes bancaires ont permis de racheter ensuite plusieurs firmes australiennes [12].

L'euro comme standard de mesure ?

La question de savoir si la valeur du regio doit observer une stricte parité avec l'euro reste une question ouverte. La parité euro/regio peut être utile dans la mesure où elle simplifie les éventuelles conversions et permet aux commerçants de ne devoir afficher qu'un seul prix. Il est, en tout état de cause, important de fixer une clause garantissant la convertibilité du regio en euro, à tout moment. La parité facilite le passage d'un système monétaire à l'autre. Si l'on voulait se départir de l'euro, on pourrait, par exemple, prendre

12. Le *Save Australia Buyers Club* a précisément été créé pour organiser le rachat progressif de firmes australiennes : selon Robert Walsch, qui est à l'origine du projet, 80 % des entreprises australiennes sont la propriété d'étrangers qui, en retour, ne paient que 6 % des impôts perçus par le gouvernement fédéral australien. En effet, la plupart de ces firmes ont installé leurs sièges sociaux dans des paradis fiscaux comme les îles Cook, ce qui leur permet de défiscaliser les profits de leurs filiales australiennes. Pour faire évoluer cet état de fait, le *Save Australia Buyers Club* émet et vend des bons qui circulent ensuite comme une véritable monnaie. Grâce aux recettes de la vente de ces bons, un capital s'accumule, qui permet de racheter des entreprises australiennes.

comme unité de compte le coût moyen d'une heure de travail, le coût d'un mètre cube d'eau, d'un gramme de charbon ou d'un kilowatt d'électricité, sur le modèle de certaines initatives japonaises. Ces unités de compte très matérielles présentent cet avantage d'être protégées contre l'inflation.

Le cercle de coopération

Dans le système de bons dont il vient d'être question, la monnaie mise en circulation doit être achetée en euros et peut être échangée à tout moment contre des euros. La monnaie ainsi créée est donc une monnaie fiduciaire, c'est-à-dire selon l'ancienne expression « sonnante et trébuchante ».

Dans les cercles de coopération [13], il n'existe pas de monnaie fiduciaire, les mouvements monétaires sont enregistrés uniquement grâce à des inscriptions : on parle donc de monnaie purement scripturale. L'argent se crée entre les participants eux-mêmes lors d'un échange de biens ou de services. Celui qui achète le bien ou le service est débité du montant en question et le vendeur est crédité en même temps du même montant. Le tout fonctionne d'une manière assez proche des crédits mutuels et des systèmes de troc, dont on trouvera une description en annexe.

Ce système permet à ceux qui ne possèdent pas d'euros de participer au système monétaire régional, sans avoir besoin à aucun moment de la monnaie fiduciaire. Ils peuvent ainsi proposer leurs propres compétences et échanger des services avec d'autres personnes, sans qu'aucun n'ait besoin d'euros pour réaliser les échanges. Un système de comptes de compensation permet d'équilibrer la valeur des prestations ainsi « achetées » avec les prestations « vendues ».

13. Nous utiliserons ce terme pour permettre une distinction avec les deux systèmes que le cercle de coopération combine : le Système d'échange local (SEL), appelé en allemand *Tauschkreis*, et les systèmes de troc commercial.

L'un des cercles de coopération les plus connus et les plus anciens d'Europe est le cercle WIR en Suisse, qui existe depuis 1934 et compte aujourd'hui quelque 60 000 membres, soit environ 20 % à 30 % des petites et moyennes entreprises du pays. Le système de compensation fonctionne comme un flux de paiements entre les participants, sans monnaie conventionnelle. Les crédits et les débits sont répertoriés à la centrale, qui se trouve à Bâle. Le moyen de paiement utilisé consiste en billets d'ordre, ressemblant à des chèques, en billets ou encore en une carte WIR, une innovation unique en Europe, qui peut être utilisée à la fois en francs suisses et en WIR. La raison pour laquelle cette innovation simplifie les transactions des membres du WIR est que les bénéfices réalisés grâce au WIR ne comportent pas que des WIR, mais aussi des francs suisses, car une partie du chiffre d'affaires est, en principe, payé dans la monnaie nationale.

Les clients du WIR peuvent utiliser leurs crédits en WIR pour l'achat de marchandises, pour effectuer leurs achats personnels ou payer leurs collaborateurs. La banque WIR, de même que la JAK en Suède dont nous allons parler ensuite propose une gamme de produits bancaires diversifiés en francs suisses et en WIR. En tout cas, le WIR a démontré qu'il y a un rôle à jouer pour ce genre de monnaies, même dans les pays les plus riches, et qu'il y a moyen de le faire de façon professionnelle et à grande échelle. Le chiffre d'affaires en WIR représente tout de même, bon an mal an, entre 1,5 milliard et 2 milliards de WIR (1 WIR = 1 franc suisse).

Une étude remarquable du professeur américain James Stodder prouve que la stabilité légendaire de l'économie suisse n'est pas dûe à l'air pur des montagnes, au tempérament suisse ou à une structure particulière de l'économie nationale, mais s'explique par les effets anticycliques du mécanisme WIR[14] ! Ces conclu-

14. James Stodder, "Reciprocal Exchange Networks: Implications for Macroeconomic Stability", in International Electronic and Electrical Engineering (IEEE), Engineering Management Society (EMS), Albuquerque, New Mexico, August 2000. Article disponible également sur le site www.lietaer.com.

sions s'appuient sur une étude quantitative détaillée sur la base de données étalées sur plus de soixante ans. Dans les périodes de récession, l'activité en WIR augmente significativement, ce qui permet aux entreprises participantes de maintenir l'emploi et de soutenir la politique de stabilité de la banque centrale (nous reviendrons sur ce point au chapitre 7). En revanche, dans les périodes de croissance économique forte, l'activité en WIR augmente moins vite ou même se réduit comparativement à la moyenne des chiffres d'affaires des entreprises.

Le *Talente-Tauschkreis*, une monnaie regio dans le Vorarlberg en Autriche, est un système d'échange régional proposant des services d'utilité publique gérés de façon professionnelle. Entre 1996 et 2007, il a cumulé un chiffre d'affaires d'environ 1 500 000 euros avec 1 500 adhérents dont une centaine sont des commerçants, des petits industriels et des agriculteurs [15]. Jusqu'à présent, tous les échanges étaient enregistrés seulement électroniquement, mais un système de bons similaire au *Chiemgauer* va être lancé en automne 2008. L'approbation et le support officiel du président du Vorarlberg ont été donnés et la banque régionale *Raifeisenbank* sera un des points de vente de la monnaie. Le petit village de Langenegg (1 000 habitants) devrait également être transformé en un village-démonstration pour monnaies régionales, avec une émission de sa propre monnaie papier, dont une des originalités est d'être dénommée simultanément en équivalents d'euros et en *Talente* (12 *Talente* valent un euro [16]).

15. Données provenant de communications personnelles en mai-juin 2008.
16. Voir détails sur le site http://www.talentiert.at/

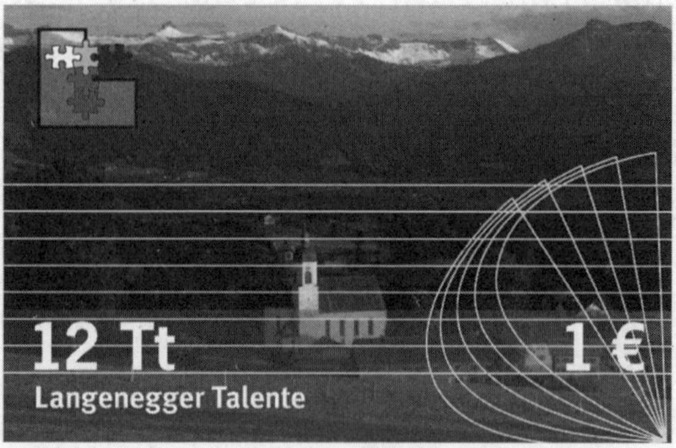

Un des billets de la monnaie de Langenegg, en Autriche. Remarquez que les billets ont deux valeurs : 1 euro ou 12 Talente *de Langenegg. Il y a également des billets avec des dénominations équivalant à 5, 10, 50 et 100 euros.*

La poste et la banque locale sont parmi les endroits où on peut acheter ces bons avec des euros. Mais on peut aussi les obtenir sans utiliser des euros en fournissant des services utiles à la communauté. Tous les commerces l'acceptent, depuis le coiffeur et l'épicier, jusqu'au menuisier et au magasin d'équipements électroniques, en passant par la location de chalets. Sans oublier que la municipalité accepte la monnaie locale en paiement pour les taxes de séjour et pour la location de propriétés qu'elle possède dans la région.

Pour beaucoup d'entreprises, le cercle de coopération peut représenter rien de moins que la possibilité de faire un meilleur chiffre d'affaires, de surmonter sans trop de difficulté une période de creux dans un cycle économique, de bénéficier de crédits à des prix avantageux ou de gagner de nouveaux clients. En plus, le cercle de coopération peut apparaître comme un moyen de jouir d'une meilleure transparence du marché et de réduire les coûts de l'entreprise. Structurellement, une telle institution agit comme un lien puissant entre ses membres, qui y trouvent les partenaires adéquats pour la vente ou l'achat de biens et services.

La banque coopérative

Le concept de la banque coopérative régionale repose sur le modèle et l'expérience de la banque suédoise JAK, un des rares exemples dans le monde d'une banque coopérative qui, au lieu de facturer les intérêts, facture uniquement son travail [17]. Le JAK est l'acronyme de *Jord Arbete Kapital*, ce qui signifie en suédois « Terre, Travail, Capital ». La banque JAK, dont l'origine nous renvoie à une histoire relativement ancienne, jouit d'un succès durable et toujours croissant. Depuis 1965, le nombre d'adhérents est monté à 3 000 (en 2008) et chaque année, on compte environ un millier de nouveaux adhérents. Les dépôts augmentent d'environ 10 % par an et s'élevaient, à la fin de l'année 2007, à plus de 97 000 000 euros dont 86 000 000 ont été fournis comme financement aux membres. Depuis 1997, la JAK est officiellement reconnue comme banque par les autorités du pays.

Si l'objectif initial de ce modèle était de renforcer les régions rurales suédoises qui souffraient de la fuite des capitaux vers les centres urbains, la JAK est aujourd'hui utilisée aussi bien à la ville qu'à la campagne par l'ensemble du spectre social, y compris par des banquiers.

Elle peut se définir comme une banque coopérative d'utilité publique mais ses responsables préfèrent l'appellation de banque associative, afin de valoriser sa vocation sociale, son origine – une association d'épargne et de prêt –, ainsi que l'étroite coopération qui existe entre les membres. En cela, elle se distingue de bien des banques coopératives, qui fonctionnent le plus souvent comme des banques traditionnelles.

17. Que la banque JAK fonctionne sans intérêts n'est littéralement vrai qu'en partie. Elle ne verse pas des intérêts sur les comptes d'épargne et elle comprime efficacement une bonne partie de ses coûts, ce qui lui permet d'offrir un taux d'intérêt pour les emprunts entre un tiers et un cinquième de celui d'une banque normale.

Normalement, les banques ont besoin d'une marge d'intérêt importante afin de garantir la rémunération des dépôts de leurs clients, de gérer les risques auxquels la banque est confrontée et d'assurer leurs coûts de fonctionnement. Avec le concept proposé par la JAK, beaucoup de ces coûts sont considérablement réduits. Cette banque arrive donc à s'en sortir en exigeant des frais de crédit exceptionnellement bas [18]. En moyenne, ses frais évoluent depuis de nombreuses années aux alentours de 2 % et sont sans rapport avec ceux des autres banques qui sont, en moyenne, cinq fois plus élevés.

Tout ceux qui possèdent un compte à la JAK disposent automatiquement d'une voix à l'occasion des votes et des assemblées de membres, indépendamment de la somme en dépôt. Au lieu de jouer le rôle d'actionnaires, ils jouent plutôt un rôle de gardiens des valeurs de l'institution.

Le mécanisme suivant montre comment s'équilibre cette balance. Après quelques mois de pré-épargne, l'obtention d'un crédit est garantie et, pendant son remboursement, une nouvelle épargne se dégage. L'avoir ainsi obtenu est conservé sous forme de dépôt à la banque pendant les six mois qui suivent le remboursement du crédit, de telle sorte qu'il permet d'accorder les crédits demandés par d'autres membres. Par ce biais, les crédits et les débits des individus et du système pris dans son ensemble s'équilibrent parfaitement. Mais, ce qui est déterminant et qui distingue la JAK des banques traditionnelles, c'est que, pour les emprunteurs, les frais de remboursement sont beaucoup moins élevés que dans les autres banques. De plus, ces coûts sont fixes et ne varient pas ou très peu. Finalement, six mois après le remboursement de la somme empruntée, environ 90 % de cette somme est de nouveau disponible pour le client sous forme d'épargne.

---

18. Par exemple, 1,4 % pour un emprunt sur vingt ans et 4,1 % pour un emprunt sur un an.

Cette manière d'accéder à l'argent n'est possible que grâce à une combinaison de mesures permettant de réduire les coûts d'une banque classique :

– Les crédits sont financés grâce aux dépôts des membres, qui ne reçoivent pas d'intérêts.

– Certes, un paiement d'avance est exigé de la part des emprunteurs, sauf les années où le volume des dépôts dépasse le volume de la demande de crédit.

– Mais l'une des innovations les plus intéressantes de la JAK est que le remboursement du crédit sert à deux choses en même temps : recouvrer la somme empruntée et épargner.

– Cette épargne est mise à disposition des autres membres pendant au moins six mois afin de satisfaire leurs éventuelles demandes de prêts.

– Même les intérêts de la garantie de 20 % des dépôts en emprunts d'État sert à la réduction des coûts du crédit.

– Les employés, même à des postes de décision, perçoivent des salaires en adéquation avec l'utilité publique de la JAK.

– Un autre facteur essentiel est l'utilisation qui est couramment faite des comptes bancaires postaux, la banque postale possédant en Suède un réseau très dense de filiales facilement accessibles pour les membres de la JAK qui veulent encaisser ou retirer des sommes d'argent.

– Ce système permet à la JAK de fonctionner sans devoir entretenir un parc d'agences nécessairement coûteux.

– Le contact avec les membres est assuré par des conseillers bénévoles, qui reçoivent en compensation le droit d'effectuer une semaine de stage à la centrale, de participer à un certain nombre de formations et d'assister à l'assemblée annuelle des membres de la JAK[19].

– Enfin, la JAK peut se permettre de ne pas mener de coûteuses campagnes publicitaires car la plupart des membres ont adhéré sur recommandation d'autres membres. Ce système de bouche à

19. On convie les membres à une « réunion de famille JAK » où les dernières information sont fournies et où les décisions concernant le futur de JAK sont prises.

oreille permet à la JAK de se concentrer sur l'organisation de séminaires et d'ateliers visant à sensibiliser les personnes intéressées par les avantages d'une banque associative.

Une question importante demeure : qu'est-ce qui motive les gens à engager leur argent dans ce système, surtout dans la période où on leur demande d'épargner avant de pouvoir bénéficier d'un crédit et qu'ils voient leur épargne augmenter alors que ce sont les autres membres qui en profitent ? En 2003 par exemple, le problème se posait ainsi : l'épargne disponible était trop importante au regard de la demande de crédits. La réponse est simple : les épargnants recherchaient la sécurité. La JAK étant réputée ne pas accorder de crédits trop facilement même en période de boom, cela signifie que, dans ce système, les dépôts des membres sont plus en sécurité que dans les banques classiques[20].

Mais il existe aussi une récompense pour les épargnants sous la forme de points-bonus qui donnent droit, non seulement à de nouveaux crédits, mais aussi à une réduction des périodes d'épargne préparatoire ainsi qu'à une réduction des délais d'attente après remboursement. Certes, on ne peut rien acheter directement avec ces points-bonus, mais ils peuvent être offerts, et c'est en ce sens qu'ils peuvent être vus comme une monnaie-cadeau, au sens où l'entend Steiner, et peuvent aider des proches qui démarrent dans la vie dans l'achat d'une maison, le financement d'études ou d'une formation ou le financement rapide de tout projet.

Si l'on examine les origines de bien des banques populaires comme la *Raiffeisen* en Allemagne ou les banques coopératives d'épargne en France, on découvre que des objectifs similaires ont souvent présidé à leur création. La JAK a simplement été plus novatrice dans les moyens permettant d'atteindre ces objectifs.

20. Voir détails dans Margrit Kennedy, *Geld ohne Zinsen und Inflation*.

Connexions et organisation

Les trois composantes d'une stratégie complémentaire intégrale qui viennent d'être expliquées utilisent toutes le concept de monnaies complémentaires, et sont en relation avec la monnaie conventionnelle, mais d'une manière très différente. Le système de bons utilise des euros pour acheter les bons et pour les rembourser sur demande. Le centre de coopération crée la monnaie complémentaire sans intervention de l'euro dans le processus. Finalement, la banque JAK reçoit de la monnaie nationale en dépôt et la prête à ses membres (comme toute autre banque d'épargne) mais réduit le coût des emprunts grâce, entre autres, à des « points », une monnaie complémentaire qui paye les apports en services fournis à la banque par ses membres. Ces points peuvent changer de mains entre les membres (et sont donc une monnaie complémentaire) et fournissent certains avantages à leur propriétaire (tel le droit d'obtenir un nouvel emprunt et de participer aux décisions concernant l'opération et le futur de la banque).

La possibilité d'interconnecter de façon originale et efficace les différentes monnaies complémentaires a à peine été explorée à ce stade et il est certain que de nouvelles combinaisons donneront, dans le futur, des innovations monétaires encore plus efficaces.

Le système des bons, le cercle de coopération et la banque associative permettent une combinaison de monnaies complémentaires qui remplissent, ensemble, toutes les fonctions que l'on associe aujourd'hui à l'argent conventionnel. Leur articulation organisationnelle à l'échelle d'une région nécessite quelques institutions supplémentaires :

– une centrale de coordination, qui gère l'introduction de chacune de ces composantes et coordonne leur action ;

– un mécanisme de compensation, qui permet des échanges entre les composantes et veille à leur insertion dans le paysage monétaire conventionnel existant, sur le plan régional, mais aussi, si besoin est, au niveau national et international ;

– une institution indépendante assurant un audit et un contrôle de qualité.

Les missions de la centrale sont nombreuses et doivent être assurées par des collaborateurs motivés et professionnels, travaillant en accord avec les buts recherchés lors de l'introduction d'une monnaie régionale : plus de justice sociale, une communication ouverte, une approche courageuse et créative de la résolution des conflits doivent faire partie intégrante de leur travail, tout comme une certaine distance vis-à-vis des avantages financiers ou matériels associés à la fonction. Au début, il est pratiquement indispensable que ce travail soit effectué par des volontaires bénévoles. La question de la taille critique à partir de laquelle le système tiendra la route financièrement et celle du laps de temps nécessaire avant que le système n'atteigne cette taille dépendent de la motivation et de la pugnacité des initiateurs, mais aussi des conditions dans lesquelles le système a été lancé, ainsi que d'un ensemble de données politiques, sociales et économiques avec lesquelles les porteurs du projet doivent composer.

Le mécanisme de compensation a pour rôle d'assurer l'équilibre entre les différents segments du système, mais aussi de garantir la connexion du système régional avec les autres systèmes monétaires. Cette fonction est détaillée dans le chapitre 7.

Le contrôle de qualité veille au respect des règles qui ont été fixées collectivement. Sans l'existence d'une telle institution indépendante, ce respect ne peut pas être correctement garanti. Tout comme les agriculteurs biologiques, qui s'en tiennent à un certain nombre de règles afin de garantir aux consommateurs la qualité bio des produits qu'ils achètent, grâce à une organisation indépendante qui contrôle l'application des standards requis pour le label bio, les utilisateurs d'une monnaie régionale doivent avoir la certitude, en s'impliquant dans le système, que celui-ci constitue une option intéressante, honnête et soucieuse du bien collectif.

Une organisation respectueuse de l'intérêt général ne signifie pas que les initiateurs du projet ne doivent pas être rémunérés mais que leur rémunération doit se maintenir dans certaines limites. Ce qui a aussi des implications sur l'organisation de la centrale et les coûts de fonctionnement du système. La monnaie régionale, comme service financier d'utilité publique, ne doit jamais renoncer à laisser une place au volontariat et aux contributions en nature ou en temps[21].

Une mise en œuvre professionnelle signifie qu'une vision claire y a présidé et que les missions attribuées à chacun correspondent à leurs compétences ou à leur potentiel. Il faut veiller à ce que les notions d'utilité publique et de professionnalisme ne s'excluent pas mutuellement, comme c'est trop souvent le cas. Car, dans l'introduction d'une monnaie régionale, la coexistence de ces deux approches est indispensable : un travail professionnel, comparable à celui effectué par les banques, mais maintenu dans des coûts comparables à ceux des associations d'utilité publique. Car ce n'est que quand les coûts de fonctionnement (émission de la monnaie ou dépôt sur les comptes) sont réduits que les effets bénéfiques de la monnaie régionale se font ressentir.

Un système est transparent quand son fonctionnement est compréhensible pour les usagers et que l'organisation reste ouverte à la critique et aux suggestions. Cela implique notamment qu'il faut exclure le langage technique et privilégier une communication accessible à tous, car ceux qui sont capables de comprendre le jargon technique sont rares.

L'existence d'un contrôle démocratique ne doit pas nécessairement vouloir dire que toutes les décisions sont votées à la majorité. L'exemple de Bali, développé au chapitre 2, nous a montré

21. Dans le système JAK, les travaux de volontaires sont payés en points de bonus, qui sont transférables et donnent un certain nombre d'avantages à ceux qui les ont obtenus. Un des secrets des bas coûts de fonctionnement de la JAK est l'utilisation de cette monnaie complémentaire interne qui permet de payer pour de nombreuses activités semi-professionnelles, qui autrement devraient être payées en monnaie nationale.

l'intérêt d'un système hyper-démocratique. Il est important que les parties ou les groupes les plus concernés puissent participer à la prise des décisions. Ceci étant, à partir d'une certaine échelle, il devient de plus en plus difficile d'exercer un véritable contrôle démocratique. L'échelle régionale permet aux individus de comprendre ce qui se passe réellement. L'émission transparente de la monnaie, une surveillance effectuée par des experts indépendants et des rapports dont les termes sont accessibles à tous : voilà quelques éléments qui permettent de faciliter un contrôle démocratique.

Il serait intéressant, aussi bien pour la science que pour d'éventuelles mises en pratique, de mettre en œuvre différents modèles et que ces expériences soient accompagnées par des universités et des centres de recherche, comme cela se passe au Japon et en Allemagne. Ce ne sera qu'après avoir établi des comparaisons approfondies d'expériences menées sur la longue durée que l'on sera en mesure d'identifier les conséquences économiques, sociales et écologiques, par exemple, du remplacement des intérêts par le demurrage.

Nous voudrions insister sur le fait que la stratégie qui a été présentée dans ce chapitre ne constitue qu'une possibilité parmi d'autres et n'est certainement pas la seule. Par le modèle choisi ici, nous avons seulement voulu montrer que plusieurs monnaies régionales peuvent, ensemble, remplir les trois fonctions principales d'un système monétaire classique.

Ce qui est décisif aussi, tant dans la phase de conception que dans celle de la mise en œuvre, c'est surtout la capacité des instigateurs du projet à proposer une solution adaptée, tenant compte des problèmes et des ressources de leur région et des opportunités offertes par un système monétaire régional. Dans le chapitre suivant, nous analyserons un certain nombre de méthodes et d'outils permettant de trouver cette solution.

6.
Lancement et financement

Tout comme le choix du modèle adapté, le choix du processus d'introduction d'une monnaie régionale est une étape très importante qui doit être décidée et préparée en relation avec les possibilités de financement. Nous avons déjà mentionné les diverses possibilités :

– Le processus peut être amorcé par en bas, auquel cas il s'agit de convaincre les différents groupes sociaux en présence des avantages présentés par la nouvelle monnaie régionale. Ce fut le cas des projets Regio dans les pays germanophones.

– Une approche par en haut peut permettre l'accélération du processus d'introduction. C'est le cas du projet SOL en France dont nous parlerons plus loin.

Le processus par la base

Une approche par la base commence en mobilisant les utilisateurs eux-mêmes. Il faut être conscient qu'une telle approche ne connaîtra pas un succès général immédiat, il est important de le préciser : il lui faudra passer par une période, souvent relativement longue, avant d'atteindre son allure de croisière et trouver son équilibre financier. D'une manière générale, cette période peut durer entre cinq et six ans. De fait, les initiateurs du projet doivent se préparer à cette traversée du désert qui exigera d'eux une certaine persévérance ainsi qu'une grande capacité d'investissement personnel et financier.

Lancement du Chiemgauer

Les initiatives qui ne commencent qu'avec une centaine de participants – comme par exemple en Allemagne, l'entreprise créée par les écoliers de la Waldorfschule de Prien, qui a lancé les *Chiemgauer* – se caractérisent par leur flexibilité et leur capacité d'adaptation. Tant que la monnaie n'est pas largement acceptée par la population locale, il convient de privilégier la mobilisation de petits groupes déjà disponibles et bien motivés pour soutenir le projet.

Les mois d'été, quand les écoliers sont en vacances, l'activité du système est maintenue grâce au travail bénévole d'écoliers volontaires, d'un professeur, également bénévole, qui les encadre et de locaux mis à disposition par la direction de l'école.

En tout état de cause, il serait faux de croire qu'une monnaie régionale, surtout si elle est introduite par la base, pourrait agir à la manière d'une baguette magique économique donnent des résultats immédiats. Les effets positifs de la nouvelle monnaie ne se feront sentir qu'à moyen terme. Il faut être clair : une approche par la base a de fortes chances de prendre beaucoup plus de temps que lorsque l'on bénéficie de soutiens financiers institutionnels. Indépendamment de l'approche choisie pour l'introduction du système, il est important que celui-ci repose sur des bases solides et que les initiateurs du projet apprennent à tirer les leçons de leurs erreurs. Ceci ne se fait pas en un jour !

Un projet pionnier en Allemagne : le Roland-Regional à Brême

Le projet Roland-Regional, qui fut la toute première expérience de monnaie complémentaire à l'échelle régionale à avoir vu le jour en Allemagne, en 2001, a été initié par six personnes. Le seul travail de définition des objectifs et d'analyse des cadres légaux a duré deux années. Fin 2003, le groupe comptait environ 80 personnes, essentiellement actives dans le soutien à l'agriculture biologique dont environ une moitié de producteurs et une autre moitié de consommateurs. Le projet ne pouvait fonctionner qu'avec l'introduction d'un système de bons, qui permet de rendre directement aux producteurs les liquidités dégagées par la nouvelle monnaie.

Dielind Rinke, présent depuis le début, estime que cette expérience lui a donné l'occasion d'entrer en contact avec des personnes motivées, très intéressantes, qu'elle n'aurait jamais rencontrées autrement, et qui l'ont aidée dans les différentes étapes de mise en œuvre. Bien entendu, elle a aussi connu des refus et des échecs. Quoi qu'il en soit, son initiative, pionnière en Allemagne, a beaucoup inspiré Christian Gelleri dans le perfectionnement des *Chiemgauer*. L'ambiance entre les membres de l'initiative Roland-Regional est excellente et les réunions, désormais semestrielles, sont toujours très suivies et fructueuses.

La plupart des adhérents, tout en prenant l'initiative au sérieux, apprécient aussi le caractère ludique d'une expérience qui consiste à créer sa propre monnaie. Dielind Rinke note que cette monnaie complémentaire rapproche les hommes et crée entre eux des liens que n'aurait pu initier une monnaie classique.

La consolidation des perspectives d'avenir d'une région grâce à l'introduction d'une monnaie régionale s'inscrit dans un processus nécessairement évolutif, qui consiste à aller chercher les gens pour les interconnecter au sein d'un nouveau système : il s'agit de les libérer de leurs schémas de pensée traditionnels et de les impliquer dans une réflexion renouvelée sur la région, ses atouts, ses faiblesses, son identité. Cela ajoute à l'introduction d'une monnaie régionale une nouvelle dimension, celle d'un dialogue actif et global sur l'avenir de la région. L'importance de ce dialogue ne doit pas être sous-estimée car la vitesse avec laquelle les changements sociaux se produisent de nos jours rend indispensable cet effort collectif de réflexion sur les orientations à prendre. L'introduction d'une monnaie régionale, qui constitue un moment important de la vie d'une région, est l'occasion d'initier des débats de cette nature.

Ce travail de sensibilisation et de mise en débat peut commencer avec l'introduction d'un système de bons.

Au-delà de cette première étape, le système peut se développer de la manière suivante : introduction d'un système électronique, constitution d'un fonds de crédit régional au sein d'une banque associative, professionnalisation de la gestion du système, etc. Il peut ensuite s'émanciper en développant ses relations avec les banques locales et régionales ou en créant une chambre de compensation, organisant les échanges avec d'autres systèmes monétaires régionaux. Il est cependant possible que, d'emblée, le projet bénéficie du soutien d'une banque locale, ce qui peut simplifier considérablement les étapes suivantes.

Le processus par le sommet

Un coup de pouce financier – mais aussi, et pourquoi pas, humain et matériel – peut réduire de façon significative la traversée du désert, c'est-à-dire la phase relativement difficile où le système, peinant à trouver son équilibre financier, ne fournit pas encore d'effets positifs visibles. À notre avis, il est essentiel de ne pas tout miser sur les aides financières et qu'une place importante soit réservée à l'autofinancement, car c'est également un excellent moyen de motivation pour innover. Quoi qu'il en soit, même si l'aide extérieure est importante, il faut bien comprendre que la phase d'introduction de la nouvelle monnaie restera assez longue (deux ans environ) : cela dépend en fait de l'ampleur du travail de pédagogie à effectuer auprès des utilisateurs. Les populations, souvent sceptiques dans un premier temps, ont besoin de temps, il faut gagner leur confiance. En tout état de cause, si une ou deux régions parviennent à introduire des monnaies avec succès, le processus d'introduction chez les voisins sera, bien entendu, facilité.

L'intérêt d'un processus d'introduction bien pensé et correctement financé est évident :

– D'une part, si elle est correctement introduite, la monnaie peut servir assez rapidement de moyen de paiement et donc faire preuve de son utilité.
– Par ailleurs, un tel système aura plus de chances d'être soutenu par les décideurs régionaux, les entreprises et les institutions locales, ce qui lui assurera un capital de confiance plus important qu'un système qui ne serait accepté que par quelques commerces et n'impliquerait qu'une poignée d'individus.
– Enfin, les initiateurs du projet pourront se ménager un petit salaire : le bénévolat a ses avantages, mais s'il dure trop longtemps, il génère presque invariablement frustration et démotivation.

Si le projet peine à trouver ses financements, cela ne veut pas forcément dire qu'il a échoué : cela implique simplement qu'il faut revoir et adapter ses plans. Il s'agit notamment de définir un budget réaliste, d'avoir une connaissance détaillée et aussi exhaustive que possible des coûts auxquels il faudra faire face, d'effectuer un strict contrôle des dépenses, etc.

Afin de laisser aux habitants de la région toute la latitude nécessaire pour qu'ils fassent l'apprentissage de la nouvelle monnaie, nous proposons un processus d'introduction en trois étapes :
– une phase d'**analyse** pour réfléchir et faire réfléchir à ce que l'introduction d'une nouvelle monnaie est susceptible d'apporter dans la région ;

– une phase de **sensibilisation** afin de convaincre les décideurs, d'obtenir leur appui, et de se procurer un certain nombre de relais au sein de l'opinion locale ;

– la phase de **lancement**, c'est-à-dire la mise en œuvre du projet durant laquelle on encouragera la participation de la population.

Il est important que le financement de l'ensemble du processus soit correctement préparé et qu'un budget spécifique soit réservé à chacune de ces étapes.

La phase d'analyse

Avant toute chose, il est nécessaire d'engager une réflexion approfondie sur les problèmes de la région et les ressources dont elle dispose pour les affronter. Il est important que ce travail de réflexion se fasse sur une base aussi large que possible et tienne compte de la diversité des expériences et des points de vue. Un comité de pilotage, composé d'experts et de représentants de la société civile, peut être constitué pour faire des propositions et évaluer les avantages et inconvénients présentés par les différentes options. Ainsi, le profil de la nouvelle monnaie se précisera au cours des discussions. Idéalement, il faudrait que ce comité de pilotage comprenne les décideurs régionaux eux-mêmes et les associe au projet. Ce comité a vocation d'éclairer les initiateurs du projet dans leurs premières démarches. Quoi qu'il en soit, il est important qu'il demeure assez réduit. Idéalement, un groupe d'environ sept personnes serait souhaitable, avec un maximum de douze à quinze membres. L'idée est avant tout de parvenir à des décisions pertinentes et informées. En revanche, le réseau des conseillers autour du comité et des initiateurs peut comprendre autant de membres qu'il est utile ou politique d'inviter. Au fil du temps, ce comité, qui n'a pas vocation à se pérenniser, délèguera progressivement ses responsabilités aux initiateurs du projet. De ce processus d'analyse doit ressortir :

– une vision claire de la future monnaie, bien adaptée aux réalités du contexte local ;

– une identification des personnes et des relais d'opinion dont le soutien sera nécessaire au succès du projet ;
– une bonne évaluation des besoins d'information et des efforts de pédagogie à fournir à destination de la population locale ;
– une vision aussi précise que possible du calendrier et des moyens financiers disponibles pour l'introduction de la nouvelle monnaie, de telle sorte que le projet puisse être synchronisé avec d'autres initiatives.

Ces analyses préalables doivent fournir au projet une vision claire et convaincante, ce qui sera important pour les étapes suivantes, lorsqu'il faudra informer et sensibiliser des décideurs et des relais d'opinion.

La phase de sensibilisation

Cette phase est importante puisqu'elle pose les premiers jalons de la dimension sociale nécessaire au succès du projet. Il s'agit en effet de s'associer les personnes clés, les relais d'opinion de la région et toute personne dont le soutien sera décisif. Cette phase exige, selon la taille de la région, l'implication d'une vingtaine de personnes convaincues de l'utilité du projet et de son succès et aussi représentatives que possible de la région, de ses institutions et de ses secteurs d'activités. Elles seront les interlocuteurs privilégiés pour le projet et pour l'adhésion de nouvelles recrues et devront être là pour répondre à leurs questions jusqu'à ce qu'un véritable consensus se dégage sur le projet, ses objectifs, etc.

La motivation et la formation des relais du projet sont d'une importance capitale : leur rôle est en effet de présenter le projet aux publics les plus variés et d'effectuer le travail d'information.

Au terme de cette deuxième étape, il est nécessaire d'avoir une vision à peu près définitive et consensuelle du projet et de disposer d'un nombre suffisant de relais. Le rôle de chacun doit être bien compris. Cela permettra d'aborder l'étape suivante où l'image va jouer un rôle essentiel.

Le lancement du projet et l'implication des habitants

Dans cette troisième phase, il s'agit d'introduire la nouvelle monnaie dans son environnement social : il faut donc s'assurer la bienveillance ou l'appui des institutions les plus importantes et mobiliser tous les soutiens nécessaires à la mise en œuvre concrète du projet (diffusion de l'information, travail quotidien). Un outil efficace à ce stade pourrait être l'organisation d'une grande conférence d'information avec des ateliers de mise en situation auxquels participeraient des représentants des organisations les plus importantes de la région : institutions, entreprises, associations, etc.

Il est essentiel, à cette étape du projet, de trouver des personnes capables de gérer et de coordonner des groupes de deux à cinq cents personnes, voire même plus, de libérer les énergies collectives, d'inviter les habitants de la région à définir ensemble leurs objectifs et de leur donner les moyens de les atteindre. Il sera utile de recourir à la radio, à la télévision ou aux journaux qui pourront médiatiser cette réflexion et toucher l'opinion.

Cette troisième étape a pour objectifs :

– de susciter l'intérêt pour le projet et un nombre aussi important que possible d'adhésions ;

– dans le cas où il s'agit d'une monnaie complémentaire sous forme de bons achetés en euros, c'est à ce stade que l'on invitera les premiers adhérents à changer des euros en nouvelle monnaie ;

– d'inciter les participants à ouvrir leurs premiers comptes dans la banque associative ;

– de renforcer les connexions entre les grandes et petites entreprises dans le cercle de coopération régionale ;

– de renforcer l'identité régionale ainsi que la circulation de l'information sur ses activités et de favoriser la coopération dans le secteur économique.

Monitoring, financement et méthodes

Il importe que le succès du projet soit régulièrement évalué, que le respect des objectifs soit contrôlé et que les expériences et résultats liés à la nouvelle monnaie fassent l'objet d'une documentation régulière. Ces missions peuvent être confiées par, exemple, aux collèges, lycées ou universités de la région.

Au terme de chacune de ces trois étapes d'introduction de la nouvelle monnaie, nous proposons de réfléchir en même temps aux objectifs et à l'organisation de l'étape suivante. Cela permettra de maintenir à un niveau aussi faible que possible les coûts externes et de favoriser l'apprentissage.

Les coûts à prendre en considération sont les suivants :

– la mobilisation d'une équipe capable de conseiller les initiateurs du projet et leurs relais, de les former et de les soutenir ;

– la présentation du projet ;

– les modules de formation pour les relais du projet ;

– l'organisation et la préparation d'activités isolées.

La communication d'une idée aussi nouvelle que la notion de monnaie régionale nécessite des méthodes innovantes. Les conférences prospectives participent de ces méthodes nouvelles. Jacques Attali affirmait qu' « aujourd'hui se décide ce que sera le monde de 2050 et se prépare ce qu'il sera en 2100 [1] ». La prospective permet en effet de réfléchir au sein de groupes relativement importants à l'avenir de la région. Ces conférences interactives, qui sont en fait de véritables ateliers, visent à rassembler les représentants de tous les champs d'activité sociale, économique, associative ou institutionnelle pendant une ou deux journées et réfléchir aux questions à l'ordre du jour pour leur apporter des réponses concrètes. On a recours à ce type d'ateliers dans les grandes entreprises ou dans certaines ONG, dans l'administration publique ou dans les églises, quand des processus de changement importants sont en cours. Ces conférences permettent également d'insuffler dans la réflexion une grande diversité de points de vue, d'expériences, de connaissances et de modes d'investissement individuels. Après avoir fait preuve de leur utilité et de leur effica-

1. Citation mise en exergue des documents du Collège régional de prospective de la région Nord-Pas-de-Calais.

cité dans le monde des entreprises et des organisations non-gouvernementales, les conférences sur l'avenir ont été utilisées ces dernières années par les villes et les communes pour organiser leur planification.

Par exemple, en Allemagne, la conférence tenue à Hesselberg en novembre 2003 a joué un rôle catalyseur pour réfléchir aux implications des différentes stratégies pour l'économie régionale, contexte duquel émergea une prise de conscience du rôle des monnaies régionales [2].

En France, les activités de prospective régionales sont également très développées dans certaines régions. Par exemple, le Nord-Pas-de-Calais vient de lancer ce qui, à notre connaissance, est le premier programme de prospective pérenne, c'est-à-dire un processus d'évaluation et de mise à jour continu. L'encadré suivant en résume l'essentiel.

Un collège régional de prospective

Par Pierre-Jean Lorens, directeur et Grégory Marlier, chargé de mission Direction du développement durable, de la prospective et de l'évaluation du Conseil régional Nord-Pas-de-Calais

Le besoin d'une prospective du XXIe siècle

La prospective doit nous aider à imaginer, explorer et rendre compréhensibles les futurs possibles et souhaitables afin d'éclairer les décisions collectives et individuelles. C'est pourquoi le Conseil régional du Nord-Pas-de-Calais a souhaité promouvoir l'existence d'une plate-forme pérenne de réflexion globale et participative dont l'objectif est de concourir à l'expression pluraliste des futurs.

2. Cette conférence a réuni pendant deux jours environ 160 personnes de la région d'Hesselberg. La durée de cet événement, ainsi que la formule de l'atelier de travail en petits groupes qui a été privilégiée, ont permis de renforcer la confiance et la collaboration entre les différents participants autour de thèmes de réflexions communs et de propositions concrètes, et de mobiliser les acteurs nécessaires à la mise en pratique du projet.

L'important travail d'expertise participative mis en œuvre au travers de l'élaboration du Schéma régional d'aménagement et développement du territoire (SRADT) a mobilisé un grand nombre d'acteurs.

Organisation des travaux du collège

Le collège, piloté par Jean-François Caron, organise ses travaux autour des six enjeux du SRADT :
– investir la société de la connaissance et de la communication ;
– s'ouvrir à l'Europe et au monde ;
– faire la différence en construisant et en valorisant nos spécificités ;
– surmonter les disparités ;
– reconquérir l'environnement et améliorer le cadre de vie ;
– mobiliser la société régionale et renforcer la citoyenneté.

Autour de chaque enjeu, une « fabrique » de prospective organise son travail de veille, de débats et de production. Les travaux des fabriques sont conçus dans une optique transversale et non thématique. Ils donnent lieu à des échanges réguliers avec les autres fabriques et, au moins une fois par an, à une présentation à l'ensemble des membres du collège lors d'une réunion de toutes les fabriques en « forums ».

Pour en savoir plus :
www.2020.nordpasdecalais.fr
Contact : collegeprospective@nordpasdecalais.fr

Ce type de conférence prospective permet de prendre conscience des problèmes, de définir les objectifs prioritaires, sur le moyen terme comme sur le long terme. Elle a, par ailleurs, tendance à susciter la confiance dans le processus de changement.

Le travail médiatique est d'une grande importance dans ce genre de projet. En effet, en l'absence d'une communication interne efficace au sein de la région, mobilisant les ressources de publicité mises à disposition par la radio, Internet, la télévision ou les journaux, tout processus de développement régional – dont l'introduction d'une monnaie régionale fait, bien entendu, partie – risque d'échouer à plus ou moins long terme. À cet égard, la presse doit adopter un rôle bien plus important que celui de simple observateur critique : « La création d'un vivre ensemble et d'un bien public local devient un véritable défi dans la manière dont les médias doivent envisager leur mission. Car, en plus de leur rôle de critique à l'égard des politiques et de leur inaptitude au changement, les médias vont aussi devoir s'interroger sur leur propre évolution en tant que journal, radio ou chaîne de télévision – c'est-à-dire comme instance de vigilance publique [3]. »

Si les conférences prospectives peuvent constituer un moment essentiel de la réflexion sur le développement de la région, l'introduction d'une monnaie régionale en est, en quelque sorte, le prolongement naturel. En effet, quel que soit l'objet débattu à l'occasion des conférences prospectives, que ce soit à l'échelle de la ville ou de la région, celui-ci est toujours plus ou moins en relation avec l'idée d'une maximisation de la valeur créée localement. Or, cet objectif ne peut que rarement être poursuivi efficacement avec les moyens conventionnels qui, en plus, requièrent des financements typiquement continus. Il s'agit, non seulement de renouveler les méthodes et les concepts traditionnellement utilisés, mais aussi les instruments. L'introduction d'une monnaie régionale offre une solution systémique à ces questions et permet de créer de nouveaux types de financement et de nouvelles interconnexions économiques et sociales capables de créer de la valeur.

L'approche par la planification est une autre méthode permettant d'instaurer un processus d'apprentissage social au sein d'un groupe relativement important : elle est d'une grande utilité pour appréhender, sous une forme simplifiée, un processus de changement important et complexe et pour apaiser les craintes qui

3. Bauer (P.), « Regionalentwicklung in Zeiten leerer Kassen und drohender Rezession », in *Region Hesselberg auf mutigem Weg*, Francfort, 2003

l'accompagnent souvent [4]. Le jeu LETS développé par Michael Linton est un exemple de jeu de planification qui rend compréhensibles à tous les effets d'un cercle de coopération ou d'un cercle d'échange pour les individus et les groupes [5].

Gernot Jochum-Müller, le fondateur du système de Vorarlberg en Autriche, que nous avons déjà mentionné au chapitre précédent, a formulé un certain nombre de règles de base à l'égard des initiateurs de systèmes monétaires régionaux. Elles répondent aux questions qui peuvent se poser sur la méthode à suivre pour structurer un processus aussi complexe (voir encadré) [6].

À notre avis, ces règles constituent le B.A.BA qui doit être assimilé par toutes les personnes tentées par cette idée. Le champ des monnaies régionales ne se professionnalisera que si les connaissances, qui se sont accumulées depuis une dizaine d'années dans ce domaine, sont prises à cœur par les intéressés et transmises à d'autres.

Quelques règles de base pour l'introduction d'une monnaie régionale

Les monnaies régionales sont une boîte à outils. Introduire une monnaie régionale n'est pas une fin en soi. Tous les outils contenus dans cette boîte, comme la forme donnée à la monnaie, le type d'administration du système, le type de communication choisi au sein du réseau ou la gouvernance, doivent être vus comme de simples instruments permettant de répondre à un objectif défini au préalable. Cette boîte à outils permet de répondre à une grande variété d'objectifs, même si, bien sûr, il faut être conscient de ses limites.
Un système de monnaie régionale est constitué d'au moins deux sous-systèmes. Le premier de ces sous-systèmes est technique, celui ▷

4. Kennedy (M.), « Lernen und Spielen als kongruente Ereignisse », in Frommberger (H.) et alii, *Lernendes Spielen, Spielendes Lernen*, Hannovre, 1976, p.48-55.
5. Voir http://www.openmoney.org/go/cc.html
6. Voir http://www.zart.at et http://www.jochum-mueller.at

qui permet d'effectuer les transactions, signaler les offres et les demandes, épargner, etc. Le second renvoie à la dimension sociale de la monnaie régionale et englobe divers aspects comme la communication, l'organisation des interactions entre les participants, etc. Il est important de tenir compte de ces deux dimensions dans tous les aspects de la vie du système monétaire, c'est-à-dire dans la prise de décision, dans la planification et dans le développement éventuel du réseau.

Les participants du système sont plus que de simples usagers. L'idéal est qu'ils deviennent des cocréateurs. Si l'on veut introduire une nouvelle monnaie complémentaire dans une région donnée, il importe d'identifier les groupes de populations essentiels à la vie du système. Il faut distinguer les partenaires stratégiques, ceux sans lesquels le projet n'existerait pas, des acteurs dont le soutien est indispensable pour la réussite du projet dans sa vie quotidienne. Si l'augmentation du nombre des participants est un objectif essentiel à la vie du système, il faut prendre conscience que le développement d'une monnaie régionale pourrait aussi créer des perdants et ses propres laissés-pour-compte. Il faut tenir compte des attentes de ces groupes dans la prise de décision.

L'objectif doit être clair et facilement compréhensible. C'est la condition *sine qua non* pour envisager une mise en pratique car de la qualité de compréhension dépend le succès du système. Lorsqu'un projet est mené sans vision claire, les orientations doivent êtres constamment redéfinies et l'on perd beaucoup de temps en discussions. L'autre risque est celui de l'éparpillement en petits projets peu lisibles. Toute action menée dans le cadre du projet doit pouvoir être clairement rapportée à l'objectif initialement fixé.

Il faudra, une fois l'objectif fixé, définir une feuille de route simple et claire car cela évitera d'avoir à réparer les erreurs qui résulteraient d'une préparation insuffisante. Un projet sans feuille de route claire peut entraîner des errances et avoir des conséquences fâcheuses sur la motivation des participants. Or, il est difficile de regagner la confiance des participants quand on l'a perdue. Un projet aussi complexe que l'introduction d'une monnaie régionale n'a qu'une chance. Toute erreur peut pénaliser le système pendant plusieurs années.

L'organisation du système doit refléter le but poursuivi, elle doit être authentique, c'est-à-dire qu'elle doit être et rester fidèle à son principe fondateur. Cette qualité doit tout d'abord s'appliquer aux initiateurs du projet.
Il est aussi important de laisser aux participants le temps de s'adapter au système. À cet égard, il est essentiel de les accompagner dans leurs premières démarches si l'on veut que leur adhésion soit pérenne. Un travail de pédagogie et de compréhension des difficultés rencontrées par les participants s'impose. Les nouveaux arrivants ont besoin de temps pour se familiariser avec les possibilités que le système offre.

Il n'est pas nécessaire d'entreprendre un travail de pédagogie sur la théorie des monnaies complémentaires : une explication simple et accessible à tous sur la mise en pratique suffit. Essayer de faire comprendre aux éventuels participants les modèles théoriques, trop complexes, aurait pour effet de les faire fuir. Il suffit d'insister sur les aspects pratiques et de mettre en exergue les apports d'une monnaie régionale dans leur vie quotidienne. La théorie, bien sûr, peut être expliquée à la demande des participants, mais elle ne doit pas constituer une première approche avec la population locale.
La confiance est le maître-mot. Si un système monétaire régional veut se donner les moyens de durer, il lui faut gagner la confiance des participants et des populations susceptibles d'adhérer. Le système doit donc être au moins aussi crédible et fiable qu'une banque traditionnelle, tout en mettant l'accent sur ce qui le distingue des autres systèmes financiers : la proximité et le contact humain.
Les organisations sont des systèmes vivants et les systèmes de monnaies régionales sont des organismes. C'est un élément à prendre en compte pour assurer le succès de l'expérience. Tout dans ce domaine n'est pas question de gestion et de management. Il ne s'agit pas seulement d'administrer un système mais de le vivre avec sincérité. La théorie des monnaies régionales commence à être bien définie, mais nous avons encore beaucoup à apprendre également.

Gernot Jochum-Müller

En France, on a préparé pendant plusieurs années un programme de monnaies complémentaires fonctionnelles très complet, appelé le projet SOL. Les lancements des projets pilotes SOL sont réalisés par les régions, donc il serait logique qu'au moins certains aspects du projet SOL deviennent de véritables monnaies régionales.

On peut dire que le SOL est né dans le creuset des réflexions menées par la revue *Transversales Sciences&Culture* liés à l'idée d'« économie plurielle avec marché ».

À la fin des années 1990, Jacques Robin soulignait la nécessité[7], face en particulier à la mutation informationnelle et à l'émergence de l'immatériel et pour répondre à la crise économique planétaire, de penser la cohabitation de logiques économiques à la fois complémentaires et contradictoires, de structurer une « économie plurielle avec marché », prenant en compte à la fois la répartition des richesses, l'utilité sociale et le développement durable. Des monnaies plurielles pourraient alors, sous l'arbitrage d'un pouvoir politique renouvelé, répondre à la complexité croissante de l'économie[8].

Dans ce cadre, *Transversales Sciences&Culture* organise en 1999 un séminaire sur les monnaies plurielles avec les acteurs de ce mouvement des « monnaies complémentaires » qui commence à se développer un peu partout dans le monde.

7. Jacques Robin, « Des monnaies plurielles pour de nouvelles formes d'échange », *Transversales Sciences&Culture*, n° 59, 1999.

8. Jacques Robin imaginait une période de transition avec cohabitation de trois types de monnaie : une monnaie thésaurisable à péremption longue, moyen d'échange privilégié pour le secteur du marché et pour un service public adapté ; une monnaie non thésaurisable, de consommation immédiate et de péremption courte, monnaie inconditionnelle pour tous permettant à chacun d'avoir une vie décente ; et une monnaie de l'économie solidaire.

Ces réflexions se poursuivent dans le cadre d'un groupe de travail informel[9] en lien avec la mission « Nouveaux facteurs de richesse »[10], confiée en 2000 à Patrick Viveret par Guy Hascoet, alors secrétaire d'État à l'Économie sociale et solidaire. Cette mission avait pour objectif d'ouvrir le débat, de créer les conditions pour une transformation de notre approche de la richesse et des modalités de circulation et distribution de celle-ci. Le rapport pointe en particulier deux éléments fondateurs dans la réflexion sur le SOL :

– le constat sur les dysfonctionnements intrinsèques au mode de fonctionnement du système monétaire actuel. Obligatoirement rare du fait de son mode de création, considérée comme un bien (une richesse) en soi, la monnaie est devenue l'objet de spéculations et la source d'inégalités. Elle ne remplit plus correctement sa fonction d'échange ;

– la nécessité de coupler approche monétaire et réflexion sur la notion de richesse : celle-ci ne peut plus être mesurée seulement à travers les échanges marchands sans aucun regard sur la nature des activités (qu'elles soient destructrices ou créatrices de prospérité) et sans prise en compte de toutes les richesses qui ne donnent pas lieu à des flux monétaires. On est là dans la même perspective que tous les travaux pour de nouveaux indicateurs de richesse (IDH, bien-être social, empreinte écologique[11]...)

Dans son rapport final, Patrick Viveret propose « l'expérimentation d'une monnaie sociale incitatrice de comportements civiques solidaires et écologiquement responsables ».

---

9. Regroupant en particulier des entreprises de l'économie sociale (MACIF, Chèque Déjeuner), des réseaux et des médias (*Transversales Sciences&Culture*, *Le Monde diplomatique*, le CJDES – Centre des jeunes dirigeants de l'économie sociale), des acteurs des SEL et les pouvoirs publics par l'intermédiaire de Patrick Viveret dans le cadre de la mission « Nouveaux facteurs de richesse » effectuée pour le secrétariat d'État à l'Économie solidaire.

10. Ce rapport a donné lieu à un livre : Patrick Viveret, *Reconsidérer la richesse*, Éd. de l'Aube, 2004.

11. Pour n'en citer que quelques-uns. Voir à ce propos l'excellent livre de Jean Gadrey et Florence Jany-Catrice, *Les nouveaux indicateurs de richesse*, éditions La Découverte, collection Repères, 2007.

En 2004, quatre entreprises de l'économie sociale[12] lancent une étude de faisabilité pour la création d'une monnaie d'utilité écologique et sociale, dont l'objectif serait tout à la fois de rendre plus lisibles les structures relevant de l'économie sociale et solidaire et de renforcer la cohésion sociale, lutter contre l'exclusion et faciliter les échanges.

Cette même année, la possibilité de répondre à un appel d'offres du Fonds social européen, dans le cadre du programme Equal, permet de construire un véritable projet d'expérimentation, associant les collectivités territoriales. Une association SOL se crée, regroupant les fondateurs du projet et constituée de façon à associer l'ensemble des acteurs participant aux réseaux SOL.

L'expérimentation SOL a ainsi démarré en 2005 sur des territoires locaux dans trois régions françaises (Bretagne, Nord-Pas-de-Calais et Île-de-France). De nouveaux territoires, en Rhône-Alpes et Alsace, rejoignent le projet en 2007.

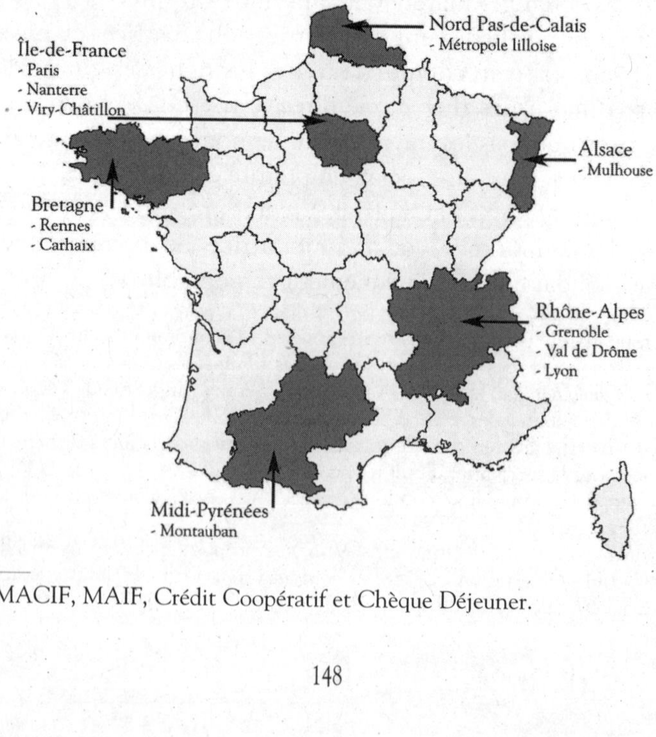

12. MACIF, MAIF, Crédit Coopératif et Chèque Déjeuner.

Cette expérimentation a compté avec le financement du Fonds social européen, des quatre entreprises de l'économie sociale, des conseils régionaux et l'appui des collectivités territoriales (communes, agglomérations…)

Le projet SOL en résumé

Par Celina Whitaker, équipe de coordination projet SOL

Les objectifs du SOL

Le SOL est une monnaie complémentaire, un outil d'échange dont les finalités sont:
– Développer une économie à valeur ajoutée écologique et sociale – et en particulier l'économie sociale et solidaire et l'économie locale – en interrogeant la nature et les formes de production de ce qui est produit, consommé et échangé;
– Contribuer à remettre l'économie au rang de moyen et non de fin;
– Contribuer à la valorisation du potentiel d'échange de chacun et à faire reconnaître que la richesse est produite par chacun.

Organisation

Le SOL s'organise alors autour de trois grands axes d'échanges:
– Dans la sphère des échanges marchands: avoir un regard sur la nature et les formes de production des biens et des services, favoriser une économie à forte valeur ajoutée écologique et sociale. C'est le SOL coopération.
– Dans la sphère des échanges non-marchands: mettre en valeur le potentiel de création de richesses et d'échanges de chacun en favorisant les échanges de temps et de savoirs et en se dotant d'un outil de comptabilisation de tous les engagements volontaires qui contribuent à un mieux vivre ensemble. C'est le SOL engagement.
– De façon générale, les monnaies affectées sont un vecteur pour des aides financières à un public déterminé pour une utilisation particulière (chèques petite enfance, chèques déjeuner, etc.) Le couplage du SOL avec les monnaies affectées permet de distribuer des aides en SOL.

▷

Le fait de mettre en œuvre, dans une même « appellation », ces trois axes d'échange favorise une approche globale de l'ensemble des richesses présentes sur un territoire et permet la création d'un outil intégrant la diversité des échanges et contribuant à un développement fondé sur des valeurs écologiques, humaines et sociales.

Où en est-on aujourd'hui ?

Le SOL, lancé sous forme de projet en 2005, est « opérationnel » depuis la mi-2007. Dans le cadre de l'expérimentation qui l'a lancé, il se développe dans six régions françaises (voir carte).

Au 30 mai 2008, on compte 90 prestataires (entreprises distribuant et acceptant des SOL en paiement de leurs produits) et 2 000 porteurs de carte SOL, avec une progression très rapide sur l'année 2008.

Le SOL se présente comme une carte à puce, les transactions (distribution et paiements en SOL) se font par l'intermédiaire d'un terminal de paiement (à l'image des terminaux bancaires) ou directement par l'interface web du *back office* de gestion.

Les différentes facettes du SOL

Le SOL coopération

Le SOL s'est donné comme mode d'action principal les échanges entre entreprises et particuliers. Dans sa forme, on peut comparer le SOL à une carte de fidélité multi-enseignes fonctionnant dans l'ensemble des entreprises participant au réseau SOL [13].

Les entreprises participant au réseau SOL distribuent des SOL à leurs clients en échange d'achats réalisés par ceux-ci. Elles acceptent également des SOL en paiement de leurs produits.

13. Les entreprises constituant le réseau SOL sont des entreprises qui ont des pratiques et des valeurs conformes au développement durable, en accord avec les objectifs du SOL. Le réseau est donc constitué d'entreprises issues de l'économie sociale et solidaire, mais également d'entreprises qui valorisent leur territoire et inscrivent leur action dans un développement économique local, respectueux de l'homme et de l'environnement. La participation au réseau passe par un agrément délivré par l'association SOL.

Du point de vue du consommateur, celui-ci reçoit des SOL lorsqu'il fait ses achats dans une entreprise ou une boutique du réseau et peut utiliser ces SOL pour ses achats futurs dans la même entreprise ou boutique ou dans toute autre structure du réseau.
Le SOL coopération a cependant quelques particularités par rapport à toutes les cartes de fidélité plus classiques.
Tout d'abord, il est ancré sur l'euro et permet, de cette façon, « de mieux diriger notre utilisation de l'euro ».
Pour les entreprises participant au réseau, c'est un gage de réussite, car on évite ainsi de distribuer les points sans faire de lien avec la capacité de production réelle de l'entreprise.
L'achat des premiers SOL constitue un fonds de garantie et la mission du SOL coopération consiste à faire circuler le montant correspondant à ce fonds au sein d'un réseau d'entreprises ciblées (que l'on veut développer) et de « consomm'acteurs » qui veulent donner du sens à leurs actes d'achat.
L'autre particularité du SOL coopération, et non des moindres, est que le SOL est une monnaie fondante. Les particuliers qui n'utilisent pas leur SOL voient ceux-ci perdre de leur valeur au cours du temps. Le SOL permet donc les échanges mais non la spéculation. En ce sens, le SOL n'est qu'une monnaie complémentaire, il ne permet pas la thésaurisation en vue d'achats futurs. Mais la valeur fondue n'est pas perdue pour tout le monde. Elle vient alimenter un fonds commun – géré par l'association SOL[14] qui décide de l'affectation de ce fonds à des projets solidaires.

SOL Engagement

Dans la sphère des échanges non-marchands, on peut distinguer différents types d'échanges :

14. L'Association SOL regroupe l'ensemble des partenaires du SOL - entreprises, associations et porteurs de la carte SOL. Elle a notamment pour objectifs :
– de mener toute étude, recherche et action de promotion pour la mise en œuvre du SOL ;
– d'organiser la concertation entre les acteurs de l'économie sociale et SOLidaire et les collectivités publiques ;
– d'élaborer une charte d'utilisation du SOL et de mettre en œuvre des moyens de régulation pouvant prendre la forme d'une « labellisation » des acteurs et des services.

D'abord les échanges de temps, de savoirs et de services. Dans ce cas, le SOL permet de dépasser des échanges restreints entre deux personnes (« je te donne du temps mais cela suppose que tu aies aussi du temps à me donner en retour sur ce dont j'ai besoin »), en inscrivant les échanges dans un cercle plus large et de différer les échanges dans le temps (« je te donne du temps maintenant mais je ne vais utiliser ce crédit de temps que plus tard »).
Le SOL permet aussi la valorisation d'engagements et d'activités à caractère écologique, social et solidaire (par exemple des engagements associatifs sur des activités de solidarité). Dans ce cas, l'engagement ne demande pas forcément du temps en retour sur autre chose, mais le SOL permet de mettre en valeur ce temps d'engagement car c'est une richesse donnée à la société, à valoriser en tant que telle.
On donne du temps, on reçoit du temps, on s'investit dans des comportements solidaires (une bourse d'entraide entre jeunes, ou encore des échanges de temps entre associations de quartiers pour l'organisation de manifestations ou pour toute autre activité, un engagement sur des activités écologiques...) Chaque compte SOL est crédité ou débité en fonction de ces échanges. La convention utilisée ici est celle du temps passé avec les ajustements nécessaires en fonction du type d'échange. Un SOL = 10 minutes. Ainsi, le SOL engagement se crée tout simplement du fait de l'échange ou de la mise en œuvre de ses richesses et de comportements solidaires.
Le SOL engagement permet donc de rendre visible et de valoriser l'offre de richesses portées par les habitants d'un territoire ainsi que les comportements solidaires et d'entraide mis en œuvre.

La monnaie affectée en SOL

Le SOL peut être utilisé comme un outil pour des politiques publiques, sous la forme de monnaie affectée en SOL.
De façon générale, les monnaies affectées sont un vecteur pour des aides financières à un public déterminé et pour une utilisation particulière (chèques petite enfance, etc.) Le couplage du SOL avec les monnaies affectées permet de distribuer des aides en SOL.

Cela revient en fait à associer une politique publique à une volonté d'appuyer un certain type d'économie puisque la monnaie affectée ne pourra être utilisée que chez certains types de prestataires (entreprises actives dans le secteur concerné – dans l'exemple, agriculture biologique, transports doux – et participant au réseau SOL).
Cette monnaie affectée peut être couplée avec un engagement de personnes. Par exemple, une collectivité émet un SOL à vocation culturelle en direction des jeunes en échange d'un engagement de ces jeunes à une dynamique d'accompagnement des enfants en milieu périscolaire. Ces SOL peuvent alors être utilisés par les jeunes pour l'accès aux équipements culturels.

Les enjeux du SOL

Le SOL est un outil d'échange favorisant un développement humain et solidaire.
Il ne peut se mettre en œuvre que dans un réseau partageant les mêmes valeurs, réseau constitué :
– des entreprises qui proposent des biens et des services marchands à valeur ajoutée écologique, sociale, avec une activité ancrée sur des territoires de vie ;
– des associations qui développent des actions d'entraide et de lien social ;
– des « consomm'acteurs » et citoyens solidaires ;
– des collectivités territoriales qui mettent en œuvre des politiques contribuant à un développement qualitatif humain et soutenable.

Par ailleurs, le fait de travailler, en parallèle, sur les échanges économiques et sur les échanges non-monétaires permet une approche globale de l'ensemble des richesses présentes sur un territoire et de leur diversité. Il donne ainsi une nouvelle ampleur à des actions et les replace dans une perspective politique.

Ainsi, pour un territoire, le SOL est un outil pour le développement de coopérations entre les collectivités territoriales, les entreprises portant des valeurs et des pratiques écologiques et sociales et les citoyens engagés dans la construction du lien et l'animation du territoire.

Sa structure, le rôle des comités locaux de l'association SOL – regroupant l'ensemble des participants aux échanges en SOL (collectivités, entreprises et porteurs de la carte SOL) – dans son fonctionnement posent les bases pour un projet partagé et à gestion démocratique. Ainsi, le SOL est un outil monétaire pour une stratégie intégrée de développement des territoires sur des valeurs écologiques, humaines et sociales [15].

Enfin, le SOL se propose d'être un outil commun à différents territoires. De cette façon, il permet leur interconnexion (unités d'échange pouvant être utilisées dans les différents territoires où elles ont cours) et dessine une stratégie d'ensemble, couplant développement des territoires et vision globale d'une économie et d'un développement humain, écologique, solidaire [16].

Conclusion

Dans le chapitre 5, nous avons décrit les trois stratégies disponibles pour lancer une monnaie régionale : par la base, par le sommet et mixte. Nous y avons vu également que la stratégie des regios germanophones s'était appuyée complètement sur la base. En revanche, en France, on a plutôt suivi la stratégie par le sommet : un secrétaire d'État était impliqué dans le projet dès l'an 2000 et le financement provient en partie du Fonds social

15. Si l'enjeu principal du SOL est celui d'un développement humain et durable des territoires, le SOL a également, comme toutes les monnaies complémentaires, une fonction dans la réappropriation démocratique de la monnaie : en nous amenant à nous réinterroger sur les modalités de construction d'un outil d'échange, il nous réinterroge aussi sur ce qu'est la monnaie et nous autorise à poser des questions sur le système monétaire actuel, questions souvent gardées dans l'opacité la plus totale : comment se crée la monnaie, qui a pouvoir de création monétaire, comment se gèrent les systèmes monétaires, quel contrôle démocratique ?

16. Pour plus d'informations, consultez http://www.sol-reseau.coop, ou contact@sol.ouvaton.org

européen. Il est également intéressant de constater que la logique qui a lancé les mouvements dans les deux zones était totalement différente mais que, dans les deux cas, on était arrivé exactement à la même conclusion : les monnaies complémentaires sont un outil nécessaire. Quelle que soit la méthode choisie, chacun a intérêt à s'enrichir de l'expérience des autres.

7.
Interaction et connexion avec d'autres systèmes

Dans ce chapitre nous explorons les relations et/ou conflits potentiels entre un système monétaire régional et d'autres systèmes économiques avec lesquels ils doivent par nécessité interagir. Quatre domaines seront ainsi examinés par ordre décroissant d'importance :

– les relations ou conflits potentiels avec les banques centrales ;
– les relations avec les autorités fiscales du pays ;
– les relations avec le secteur bancaire ;
– les relations entre monnaies complémentaires elles-mêmes.

Relations avec les banques centrales et la Banque centrale européenne

Les banques centrales ont le pouvoir de tuer des innovations monétaires telles que les monnaies régionales. La dernière fois, ce fut à grande échelle pendant les années 1930, avec des conséquences parfois inattendues [1]. L'attitude d'une banque centrale

1. Les conséquences de la suppression des monnaies complémentaires dans les années 1930 en Allemagne, en Autriche et aux États-Unis ont été décrites dans Bernard Lietaer, *The Future of Money*, Londres, Random House, 2001 et Bernard Lietaer & Stephen Belgin, *Of Human Wealth*: *New Currencies for a New World,* Boulder, Citerra Press, 2009.

n'est pas uniforme : la *Federal Reserve* et la Banque d'Angleterre ont une attitude plus libérale envers des innovations monétaires que les banques centrales continentales européennes, comme la *Bundesbank* allemande. Les objectifs et responsabilités des banques centrales varient également. Par exemple, la *Federal Reserve* aux États-Unis a des responsabilités multiples vis-à-vis de l'économie : contrôle de l'inflation et du non-emploi. En revanche, dans le cas de la Banque centrale européenne (BCE), le seul objectif explicite est le contrôle de l'inflation.

Le danger, dans le cas d'une innovation monétaire aussi peu orthodoxe qu'une monnaie régionale moderne, est qu'il y ait des malentendus, même au niveau de sa perception ou de la théorie monétaire. Et que, sur la base d'un malentendu, des décisions coercitives soient prises qui peuvent tout simplement tuer le mouvement Regio dans l'œuf. Or, l'enjeu est potentiellement d'une taille beaucoup plus significative qu'il n'y paraît à première vue. Comme nous l'avons vu dans les premiers chapitres, l'ère post-industrielle va changer beaucoup de règles du jeu économique mondial. Ce n'est pas parce qu'un pays était parmi les plus « développés » au XXe siècle qu'il le sera également au XXIe. Ainsi, quand la Chine refusa au XIXe siècle l'introduction des chemins de fer et les autres attributs « barbares » de l'industrialisation, elle se condamna de manière involontaire à devenir le plus grand pays sous-développé du XXe siècle, erreur qu'elle est en train de rattraper seulement maintenant…

La manière dont une société permettra ou non aux innovations de l'ère de l'information de pénétrer les divers strates de la société, de façon à la réformer, promet de jouer exactement le même rôle que les chemins de fer ou les aciéries du XIXe siècle. Or, tout système monétaire est avant tout un système d'information et le mouvement des monnaies complémentaires – qu'elles soient commerciales ou sociales – ne serait pensable sans accès à une informatique généralisée et bon marché. Pourrions-nous imaginer les compagnies aériennes engageant une armée de comptables pour suivre à la trace nos miles autour du monde ? Le problème est que l'ensemble de notre théorie monétaire date de l'ère industrielle. Ce qui implique que nous aurons besoin d'un changement de paradigme dans le domaine monétaire. Or ce changement de paradigme relève d'un processus ardu, où l'on doit s'attendre à une résistance de la part de ceux à qui le système ancien paraît comme une évidence.

Plus grave, comme nous l'avons mentionné au chapitre 2, l'ensemble de la théorie économique et monétaire est fondé sur des hypothèses incorrectes qui provoquent directement des malentendus dès qu'on parle de monnaies complémentaires. Parmi ces hypothèses, rappelons que le monopole d'une monnaie est supposé être une nécessité incontournable et que toute monnaie est dite neutre du point de vue des valeurs. Ces deux hypothèses rendent incompréhensible le concept de complémentarité dans le domaine monétaire. Le problème est que, sur la base de tels malentendus, il est possible qu'on tue ce qui, en fait, pourrait être une aide à la politique des banques centrales, comme nous le montrerons ci-dessous.

Qu'un tel risque ne soit pas simplement théorique aujourd'hui, le fait est prouvé par une étude du prestigieux département de recherches (*Wirtschaftdienst*) de la *Deutsche Bundesbank*, la banque centrale allemande, qui a consacré en 2006 une étude de quelque 73 pages sur le phénomène des regios, alors qu'il n'y avait encore que 16 regios opérationnels dans le pays avec une circulation de moins de 200 000 euros en monnaie complémentaire. L'étude avait été confiée au docteur Gerhard Rösl, un macroéconomiste, spécialiste monétaire, dont les références sont inattaquables [2].

2. Gerhard Rösl travaille à plein temps au département de recherche de la *Bundesbank* à Francfort et est l'auteur, notamment, d'un excellent modèle néokeynesien macromonétaire pour mesurer l'inflation : "A Textbook Macro Model with Money", Decembre 2005, disponible sur :
http://papers.ssrn.com/sol3/papers.cfm?abstract_id=868581

Comme cette étude[3] fait un inventaire à peu près complet des malentendus possibles de la part des spécialistes orthodoxes à propos du phénomène de monnaies régionales, nous allons en résumer les arguments principaux. Y répondre au niveau technique demanderait un document de la même envergure que l'original, ce qui serait inapproprié dans ce livre. Donc, nous devrons synthétiser aussi bien les arguments que les réponses.

Les regios en compétition avec l'euro ?

L'étude commence par un inventaire remarquablement complet de chaque monnaie regio en Allemagne[4]. Ensuite, parce que certains des regios (comme le *Chiemgauer*) utilisent le demurrage, Gerhard Rösl classifie l'ensemble du mouvement comme *Schwundgeld* (« monnaie fondante ») qui fut définie initialement au niveau théorique par Silvio Gesell (1862-1930), un argentino-allemand qui proposait, au tournant des XIXe et XXe siècles, une réforme monétaire radicale, consistant à remplacer le monopole des monnaies nationales par un monopole de monnaies à demurrage[5]. Rösl démolit efficacement cette théorie.

Par exemple, alors que Gesell voyait l'intérêt comme un moyen d'extorsion, par les « capitalistes », des surplus du secteur ouvrier, Rösl confirme que nous savons maintenant, depuis Keynes, que l'intérêt est une compensation pour la non-consommation de la part de ceux qui ont du capital. De plus, tout ouvrier est également un capitaliste quand il épargne, soit via sa caisse de pension, soit personnellement. Rösl admet que le demurrage augmente la vélocité de la circulation de la monnaie mais il démontre, par un modèle mathématique sophistiqué, que le coût

3. Gerhard Rösl : *Regional Currencies in Germany: Local Competition for the Euro ?*, http://www.bundesbank.de/download/volkswirtschaft/dkp/2006/200643dkp_en.pdf

4. L'inventaire était même plus complet que le site Internet de *Regiogeld* réalisé par les organisateurs du réseau !

5. La version française de cette théorie a été publiée : Silvio Gesell, *L'Ordre Economique Naturel* ,Paris, M. Issautier, 1948.

additionnel de l'immobilisation de l'argent a pour conséquence que la demande de monnaie est réduite en parallèle, annulant ainsi l'effet de stimulation au niveau global et, par conséquent, aucune inflation ne serait à craindre. L'encouragement à dépenser cette monnaie dans la région elle-même aurait comme effet d'isoler la région des échanges avec le monde extérieur, et, à la longue, empêcherait son développement économique. Si les revenus générés dans le système alimentent des organisations sociales de la région, pourquoi ne pas donner des subsides directement en euros ? Il pense également que l'apparition de monnaies régionales ne reflète pas une méfiance croissante vis-à-vis de l'euro, puisque le nombre de monnaies régionales a augmenté de un à quinze, tandis que le degré d'approbation de l'euro, de la part du public allemand, est passé de 39 % en 2002 à 47 % en 2005. La théorie du bien-être économique (*welfare theory*), en supposant une courbe d'utilité strictement concave pour toute consommation et pour tous les avoirs en argent, est ensuite appliquée au phénomène Regio, ce qui lui permet de calculer le coût de la sous-optimisation économique impliquée. Ainsi, si on remplaçait l'ensemble des euros en circulation en Allemagne avec une monnaie comme les *Chiemgauer*, cela coûterait quelque 130 milliards d'euros par an, soit 1 600 euros par habitant !

Bref, pour Rösl, l'apparition des regios est une anomalie qui n'est pas justifiable économiquement, un curieux romantisme local qui prétend protéger des cultures régionales, un produit de luxe pour « se sentir bien » sans tenir compte des coûts impliqués de la part des utilisateurs. Il s'attend à ce que cet engouement soit de courte durée. Comme cela s'est passé lors de l'apparition des systèmes d'échange locaux[6], il est possible qu'ils croissent au début, mais cela devrait être suivi bientôt par une saturation à un niveau modeste de participation. Enfin, et c'est peut-être la conclusion la plus importante : les regios ne doivent pas inquiéter

6. *Local Exchange Trading Systems* (LETS) en anglais, Systèmes d'échange locaux (SEL) en France.

la *Bundesbank* à ce stade puisqu'ils ne représentent que 0,00002 % du volume total de la monnaie en circulation en Allemagne. Implicitement, cette conclusion veut démontrer que, si jamais les systèmes Regio devaient devenir plus significatifs, il faudrait prendre des mesures pour les arrêter…

On peut regretter que quelqu'un d'aussi intelligent et si solidement formé semble aveugle aux hypothèses implicites des concepts qu'il manipule et génère une telle avalanche de malentendus. Cela rappelle l'opinion de Keynes lui-même : « Les gens qui se croient totalement pragmatiques et dénués de préjugés, sont souvent les esclaves aveugles de quelque économiste défunt. » Ce qui serait tragique, cependant, c'est que sur la base de tels malentendus, on finisse par supprimer un outil qui pourrait se révéler vital pour notre avenir collectif, en Europe et ailleurs.

Les malentendus commencent déjà avec les mots-clés associés à l'article. En effet, ils comprennent les mots « compétition avec l'euro », « substitution de monnaie », « Gesell », et « économie grise ». L'hypothèse implicite d'un monopole monétaire est si totalement ancrée dans l'ensemble de cette analyse, que le concept de complémentarité – pourtant familier en physique, biologie, médecine, philosophie et analyse littéraire, comme nous l'avons vu au chapitre 4 – ne fait manifestement pas partie de ce paysage. D'où, l'idée qu'une monnaie régionale en parallèle avec l'euro ne pourrait être qu'en « compétition » ou venir comme « substitution » de l'euro. Prétendre que le mouvement Regio est une nouvelle mouture du mouvement gesellien parce que certains regios utilisent le concept de demurrage, initialement proposé par Gesell il y a plus d'un siècle, est aussi gratuit que de soupçonner de fascisme toute personne qui propose ou utilise une autoroute parce qu'Hitler a été le premier à construire les fameuses *Autobahn* allemandes. Gesell voulait explicitement une réforme monétaire globale, qu'il appelait « économie libre » (*Freiwirtschaft*), où le monopole de la monnaie bancaire à taux d'intérêts positifs était remplacé par un autre monopole d'une « monnaie franche » à demurrage. Rien de tel n'est envisagé par les regios, ou même imaginable dans les rêves les plus outranciers d'un membre quelconque de ce mouvement. Au contraire, l'euro est précisément nécessaire pour la création et la mise en place des monnaies régionales qui appliquent le demurrage, comme c'est le cas pour le *Chiemgauer*.

Rösl est tellement convaincu que l'on doit remplacer un monopole par un autre, que cela le pousse à calculer le coût économique d'un *Chiemgauer* extrapolé à l'ensemble de la monnaie en circulation en Allemagne, avec comme conclusion, le résultat de 130 milliards d'euros ! On retrouve la même logique du « tout ou rien » quand il parle d'« isoler » une région du commerce mondial grâce à une monnaie régionale. Nous sommes d'accord avec lui quand il dit qu'un isolement complet, l'autarcie, est illusoire et contre-productif. Mais, l'alternative est-elle nécessairement une ouverture complète ? Est-ce que donner une préférence aux pommes produites dans sa région conduit aveuglément à un isolement, une autarcie en tout ? Ou même à une autarcie en pommes ?

Finalement, si on désire utiliser des modèles mathématiques pour comprendre le rôle des monnaies complémentaires, il faut que ce soit au moins une mathématique capable de tenir compte de plus d'un seul type de variable. De tels modèles existent, par exemple ceux qui ont fait leurs preuves pour quantifier des systèmes biologiques ou des écosystèmes évolutifs complexes[7].

Après tout, si l'optimisation de l'efficacité économique est le seul critère, pourquoi prendre le niveau de l'euro comme étalon

7. Voir un exemple d'un modèle de théorie de chaos qui peut être appliqué à des systèmes monétaires complémentaires dans Robert Ulanowicz, Sally Goerner, Bernard Lietaer, Rocio Gomez, "Quantifying Sustainability : Resilience, Efficiency and the Return of Information Theory", *Ecological Complexity*, sous presse. Une application de ce concept à la gestion de la crise financière est fournie avec le "White Paper on the Options for Managing Systemic Banking Crises", disponible sur www.lietaer.com.

de mesure ? Il serait encore plus efficace d'imposer le monopole d'une seule monnaie planétaire, abolir l'euro et demander aux États-Unis et à la Chine de se mettre d'accord sur un système monétaire pour le XXIe siècle que les Européens, par souci d'efficacité, utiliseraient assidûment. Pourquoi l'argument politique spécifiant qu'il est souhaitable que les Européens aient quelque influence sur leur destin monétaire ne serait-il valable qu'à la seule échelle de l'État-nation allemand jusqu'en l'an 2000, et au seul niveau européen après cette date ? Pourquoi n'est-il pas politiquement aussi légitime de consentir aux Bavarois ou aux Languedociens une modeste capacité d'influence sur leurs propres destins monétaires dans un contexte économique global où l'euro continuerait de jouer le rôle qui nous est familier aujourd'hui ?

Le plus décevant dans une étude orthodoxe telle que celle du Dr. Rösl est qu'elle ne mentionne même pas les deux seules questions qu'il est important et légitime de poser quand une banque centrale évalue une innovation monétaire.

L'existence des regios est-elle une aide ou un obstacle aux objectifs que poursuit une banque centrale ?

Et spécifiquement, quelle est leur influence sur l'inflation en euros, seul critère légitime pour une action de la part de la Banque centrale européenne ?

Monnaies régionales : une aide ou un obstacle pour les banques centrales ?

Certains banquiers centraux, et non des moindres, comme Mervyn King, à l'époque *Deputy Governor* et actuellement *Governor* de la Banque centrale d'Angleterre, se sont inquiétés publiquement de l'impact qu'auraient les systèmes électroniques d'échange sans monnaie conventionnelle sur le travail de banques centrales [8]. Certains économistes n'ont pas hésité à lui

8. King (M.), "Challenges for Monetary Policy: New and Old", papier présenté à l'occasion du symposium *New Challenges for Monetary Policy*, Jackson Hole (Wyoming), 27 août 1999.

emboîter le pas, tel Benjamin Friedman de Harvard[9]. Notons au passage que ce qui les préoccupait n'était pas les systèmes à petite échelle et à but social comme les regio, mais plutôt les grands groupes de trocs commerciaux dont les volumes dépassent le milliard de dollars par an et qui croissent de 15 % par an, trois fois plus vite que les échanges facilités par les monnaies nationales.

Le seul chercheur qui, à notre connaissance, ait réalisé un travail empirique et rigoureusement quantitatif sur le sujet, avec les données réelles de systèmes d'échanges commerciaux à grande échelle, est James Stodder, professeur à l'Institut polytechnique Rensselaer de Troy (New York). Son étude avait comme but d'évaluer l'impact d'Internet sur l'économie. Il a étudié le développement de deux systèmes de troc, l'un en Suisse, et l'autre aux États-Unis ainsi que leur effet sur l'évolution économique de ces deux pays.

En voici la conclusion : la preuve empirique contredit complètement l'opinion selon laquelle les systèmes d'échange et de compensation sans monnaie conventionnelle, tendraient à déstabiliser l'économie et à générer de nombreux nouveaux problèmes. En Suisse, le WIR a conservé des bases de données extrêmement complètes depuis le début de sa fondation en 1934. En connectant cette base de données avec celles relatives à l'économie suisse, le professeur Stodder démontre que le WIR a un effet anticyclique, c'est-à-dire stabilisateur, très puissant. Dans les périodes de forte croissance et de risque de surchauffe de l'économie, l'activité en WIR s'est spontanément réduite. En revanche, dans les périodes de ralentissement, ou de récession économique, son activité s'est développée. Cela n'a, en fait, rien d'étonnant : dans les périodes de prospérité où ils peuvent écouler leurs produits sans problème, les commerçants préfèrent vendre dans les circuits économiques conventionnels, où on les paye en francs suisses. Mais lorsque l'écoulement des stocks est plus difficile, ils acceptent volontiers

9. Friedman, Benjamin, "The Future of Monetary Policy", *International Finance*, Décembre 1999.

les clients qui paient en WIR, parce que ce secteur n'est pas touché par les réductions des crédits bancaires.

Ces effets s'observent également dans le domaine des emplois. À chaque fois que le chômage s'élevait dans le pays, les activités du WIR augmentaient de façon plus que proportionnelle : elles jouaient donc un rôle de compensateur et accompagnaient les politiques de la Banque centrale suisse visant à stabiliser la situation économique [10].

Le professeur Studder du Centre des études économiques de l'université de Bâle, en Suisse, considère cette étude comme une percée intellectuelle importante : « Pour la première fois un chercheur américain est arrivé à une conclusion surprenante : loin de représenter un facteur de perturbation pour la politique monétaire nationale, le crédit créé par le WIR fonctionne comme un support pour les politiques de la Banque nationale suisse dans la poursuite de ses objectifs de politique monétaire [11]. »

D'ailleurs, ces résultats ne valent pas seulement pour la Suisse, comme le montre l'étude faite par Stodder dans le cas des États-Unis. En se fondant sur les données chiffrées de l'IRTA [12], Stodder est parvenu aux mêmes conclusions que pour le WIR, à cette nuance près que les effets du WIR semblent plus nets, tout simplement parce que le WIR joue proportionnellement un rôle plus important dans l'économie suisse que l'IRTA dans l'économie américaine.

En conclusion, il est essentiel que les banques centrales comprennent que, même certaines idées non-orthodoxes, comme les monnaies complémentaires ou régionales, ne sont pas nécessaire-

10. Stodder (J.), "Corporate Barter and Macroeconomic Stabilization", *International Journal of Community Currency Research*, 2 (2), 1998.
11. Studer (T.), « Le système WIR dans l'optique d'un chercheur américain », *Wirplus*, octobre 2000.
12. IRTA : International Reciprocal Trade Association. Il s'agit d'une association américaine fondée il y a une vingtaine d'années et regroupant cinq cents des plus importantes organisations américaines de troc.

ment un problème mais, au contraire, qu'elles peuvent les aider à contrebalancer le défi posé par les tendances procycliques que le secteur banquier conventionnel a tendance à générer. Bref, ces monnaies « inorthodoxes » se révèlent en fait des alliées des banques centrales en vue de créer un développement économique durable et stable [13] »!

Effets sur l'inflation de l'euro

Comme déjà mentionné, la seule responsabilité institutionnelle imposée à la Banque centrale européenne est le contrôle de l'inflation de l'euro. La théorie la plus généralement acceptée actuellement est que l'inflation est le résultat d'une émission de monnaie supérieure à la quantité de biens et services offerts en échange. Donc, lorsqu'on parle de création de monnaies régionales, la première réaction pourrait être de craindre qu'une source incontrôlée d'émission de monnaies provoquerait des problèmes d'inflation. Nous allons démontrer, qu'avec des monnaies complémentaires bien conçues, comme des regios, ce n'est pas le cas.

Tout d'abord, rappelons que, même dans l'étude théorique du Dr. Rösl mentionnée ci-dessus, l'auteur est arrivé à la conclusion que l'augmentation de la rapidité de circulation de la monnaie s'accompagne proportionnellement d'une moindre demande d'argent, ce qui annule tout effet d'inflation. Mais il y a un argument plus simple que celui-là qui nous permet d'arriver à la même conclusion.

En effet, il y a deux familles de monnaies regio : une famille basée sur les bons et une autre sur le crédit mutuel dans un cercle de coopération. Dans le cas des bons, puisque ceux-ci sont achetés avec des euros et gardés en contrepartie, par définition, pour chaque regio émis, un euro est bloqué. Donc l'effet d'inflation potentiel est annulé. Dans le cas du crédit mutuel, l'offre du

13. Lietaer (B.), « The Future of Payment Systems », *Unisys Corporation*, mai 2002.

bien ou du service accompagne nécessairement l'émission de la monnaie. Il n'y a donc pas émission d'une monnaie qui doit chercher un produit ou un service à acheter, l'émission ne peut exister que si l'offre correspondante est déjà présente et acceptée. De plus, la somme des crédits et débits dans un cercle de coopération est inévitablement zéro. Bref, dans le domaine de l'inflation, le Dr. Rösl a raison : les monnaies regio ne créent pas de problèmes aux banques centrales...

En se fondant sur cette conclusion – et non pas parce que les regios « ne représentent que 0,00002 % du volume de la masse monétaire » – les banques centrales ne devraient pas avoir d'inquiétudes au sujet de leur impact. Au contraire, selon l'étude de Stodder démontrant les effets anticycliques spontanés de tels mécanismes, ces monnaies aident plutôt qu'elles ne nuisent aux objectifs des banques centrales.

Relations avec les autorités fiscales du pays

Il y a cependant une deuxième manière suivant laquelle des autorités pourraient, par inadvertance ou à dessein, détruire le mouvement de monnaies régionales : en les taxant indûment et en exigeant que ces taxes soient payées uniquement en euros.

En matière de fiscalité, trois questions se posent à propos des transactions effectuées en monnaies régionales :
– Est-ce qu'elles favorisent le travail au noir ?
– Doivent-elles être imposées ?
– Le cas échéant, dans quelle monnaie l'impôt devrait-il être payé ?

L'accusation du travail au noir

Au début de l'article du Dr. Rösl, il avait également inséré le mot-clé « économie grise » bien que le contenu de l'article ne développe pas cette idée. En effet, d'un point de vue orthodoxe, la seule raison rationnelle pour laquelle des gens feraient l'effort d'utiliser une monnaie non-conventionnelle devrait être d'éviter de payer des taxes sur ces transactions. Cette accusation est-elle valable ou non ?

Si quelqu'un veut travailler « au noir », la méthode la plus sûre et la plus généralisée consiste à se faire payer en liquide et en billets d'euros. Il serait stupide de vouloir cacher des transactions dont on sait qu'elles sont toutes enregistrées dans un ordinateur quelque part. Or, 95 % des monnaies complémentaires sont électroniques… Par exemple, les groupes de coopération utilisent tous des systèmes informatisés. Ceci dit, il faut bien préciser que les regios sont respectueux de la légalité : de fait, le gouvernement et le fisc jouissent d'un droit de regard sur leur fonctionnement. Il est par ailleurs envisageable que les revenus générés par les groupes de coopération soient imposés, s'ils dépassent un certain montant. Dans le cas des petites et moyennes entreprises ou de toute personne qui, par ses revenus, dépasserait une certaine limite, il nous semble normal que les revenus soient normalement imposés : quoi qu'il en soit, il paraît nécessaire de définir une somme plancher au-delà de laquelle les revenus devraient être imposés. C'est d'ailleurs officiellement le cas en France pour les revenus provenant de systèmes d'échange local (SEL).

Nous suggérons ceci : que les responsables politiques et les autorités fiscales commencent par faire l'inventaire des problèmes sociaux qu'une monnaie locale ou régionale permet de résoudre, et de calculer ce que cela coûterait au contribuable de régler ces mêmes problèmes de manière conventionnelle, c'est-à-dire en payant avec des euros. Et comparer ce montant avec ce que l'on peut engranger de manière réaliste en fiscalisant ces transactions. Si les économies budgétaires réalisées grâce à la monnaie régionale dépassent le montant des revenus apportés par le prélèvement de l'impôt, il semble logique de ne pas fiscaliser ces transactions. C'est exactement la conclusion à laquelle est arrivé le gouvernement fédéral des États-Unis, qui n'a pas l'habitude d'avoir des états d'âme quand il s'agit de fiscalité : il a décidé officiellement d'exonérer de toute taxe les transactions réalisées avec des *time dollars*, une monnaie complémentaire dont 71 systèmes sont actuellement opérationnels aux États-Unis. Plus surprenant encore, 31 des 50 États aux États-Unis font un pas de plus, en payant eux-mêmes un de leurs employés pour lancer ou diriger un système *Time dollar* afin de résoudre des problèmes dans les zones économiquement sinistrées. Nous avons déjà montré dans l'encadré sur les regios au chapitre 4, comment l'Autriche a décidé de payer les salaires des sept employés qui lancent et administrent la monnaie régionale *Waldviertel*. Dans le chapitre 6, nous avons également montré comment le gouvernement français est, de la même façon, très impliqué dans le lancement des monnaies SOL.

Fiscalité : en quelle monnaie ?

Faudrait-il alors que les impôts soient payés en euros ou en monnaie régionale ? Cela dépend de plusieurs choses.

Dans la mesure où la collectivité territoriale qui perçoit l'impôt l'utilise en vue de fournir des services à la communauté, il serait logique qu'elle devienne elle-même partie prenante du système monétaire régional et envisage qu'une partie des taxes soit perçue en monnaie régionale. Compte tenu de l'état des finances de la plupart des collectivités territoriales, notamment des communes, cet arrangement ne manquerait pas d'intérêt : grâce aux revenus supplémentaires générés dans le cadre du cercle de coopération, la commune verrait augmenter ses moyens d'action dans la région. Les communes et les collectivités territoriales devraient s'intéresser à cette idée. Malesy et d'autres petites villes australiennes, de même que plusieurs villes japonaises, ont d'ores et déjà adopté cette ligne de conduite. Permettre de payer une partie des taxes en monnaie régionale serait surtout l'action la plus encourageante qu'une autorité locale ou régionale puisse faire pour favoriser la réussite d'une monnaie régionale !

Voici quelques arguments à considérer par les responsables politiques du bien-fondé de cette proposition :

– Les impôts ne servent pas qu'à financer les administrations de l'État central, ils financent aussi les services publics des régions et, dans cette même proportion, il serait logique d'accepter leur paiement en monnaie régionale.

– Les monnaies régionales maintiennent et créent des emplois locaux, il y a donc lieu de les encourager.

– Les économies réalisées par la région grâce à la monnaie régionale permettent d'améliorer la situation financière de la région.

Relations avec le secteur bancaire du pays

Compte tenu de ce qu'on attend d'une monnaie régionale, il est souhaitable que les banques locales et régionales soient impliquées dans son processus d'introduction. Nous sommes en train d'assister à une concentration massive dans le secteur bancaire mondial et européen. De plus en plus de banques et de caisses d'épargne, qu'elles soient locales ou régionales, ont raison de craindre pour leur survie face à une compétition accrue de la part des réseaux des grandes banques. Leur seule chance de salut réside dans la prestation de services que les grandes banques ne sont pas intéressées ou habilitées à fournir. De plus, quand un client ouvre un compte en monnaie régionale dans une banque régionale, il est logique que la même personne ouvre également un compte en euros. Du point de vue des initiateurs de monnaies régionales également, l'apport en crédibilité et en professionnalisme qu'une banque régionale peut fournir est très important.

L'intérêt réciproque n'est d'ailleurs pas simplement une tactique, mais est réellement structurel. En effet, les banques coopératives, les banques populaires et les caisses d'épargne ont tout intérêt à ce que leur région se porte bien économiquement et, dans la mesure où une monnaie régionale contribue à un développement plus durable, les deux parties y trouvent leur avantage.

Ce n'est donc pas un hasard si la banque GLS s'est associée avec le projet *Chiemgauer* en Bavière, ou si la *Raifeisenbank* collabore avec la monnaie régionale de Vorarlberg en Autriche. Il y a d'ailleurs des précédents identiques aux États-Unis. Par exemple, la banque d'Ithaca gère depuis plus d'une décénie les comptes de la monnaie *Ithaca Hours*. Toutes ces banques locales ont compris que c'est un des rares domaines dans lesquels elles peuvent offrir à leurs clients des services que les grandes banques ne peuvent pas founir.

Relations entre monnaies complémentaires

Dans le chapitre 4, nous avons montré qu'il est possible de mettre en place un système monétaire régional intégral en combinant trois composantes : un système de bons, un cercle de coopération et une banque associative. Le même but peut être atteint par d'autres moyens : en créant une chambre de compensation (*clearing house*) reliant plusieurs systèmes complémentaires préexistants (des cercles d'échange locaux par exemple). Tout comme un système d'échanges qui relie des acteurs individuels, une chambre de compensation relie des systèmes monétaires. Pour dire les choses plus simplement, une chambre de compensation est un centre d'échange pour les groupes d'échange.

Pour plusieurs raisons, la chambre de compensation joue un rôle important dans l'interconnexion et le développement de monnaies complémentaires [14]. Elle contribue notamment à élargir les possibilités offertes par le seul marché local et permet aux utilisateurs d'accéder à une plus large gamme de services. Elle leur permet en outre de participer à d'autres systèmes monétaires que le leur sans que cela ne génère de tension ou de compétition entre les différents systèmes.

14. La toute première chambre de compensation reliant plusieurs systèmes monétaires complémentaires a été réalisée dans le Vorarlberg, en Autriche.

Par exemple, dans le nord de Londres, quatre monnaies complémentaires circulent : un *timebank* et trois systèmes LETS. Quand deux personnes dépendant de deux systèmes différents veulent échanger, l'une d'entre elle au moins doit s'affilier au système de l'autre. La question ne se poserait même pas s'il existait une chambre de compensation. De plus, la chambre de compensation permet à un système local de conserver son identité (nom, logo, règles d'opération), tout en permettant l'échange avec d'autres groupes ou monnaies locales ou régionales.

L'avantage d'une chambre de compensation

Une chambre de compensation relie entre eux des petits systèmes pour en constituer un plus large. Elle permet de fixer les conditions d'échange et les modalités des interactions entre les différents sous-systèmes qu'elle dessert. Elle pourrait même fournir un accès à l'échelle internationale aux systèmes qui en ont besoin.

L'agglomération de sous-systèmes en un système plus large présente de nombreux avantages : la réunion de plusieurs sous-systèmes sous l'égide d'une chambre de compensation s'accompagne d'un effet de marque, gage d'une certaine qualité et donc de confiance. S'il existe au sein d'une même région plusieurs systèmes monétaires locaux qui fonctionnent déjà bien et qui souhaitent développer leur coopération, leur réunion par le biais d'une chambre de compensation commune est probablement la meilleure solution si l'on veut créer une stratégie régionale tout en gardant intactes l'individualité et les caractéristiques de chaque système.

Le graphique ci-dessous illustre le rôle de la chambre de compensation dans l'interconnexion de sous-systèmes monétaires et l'organisation des échanges entre des individus appartenant à des systèmes monétaires différents.

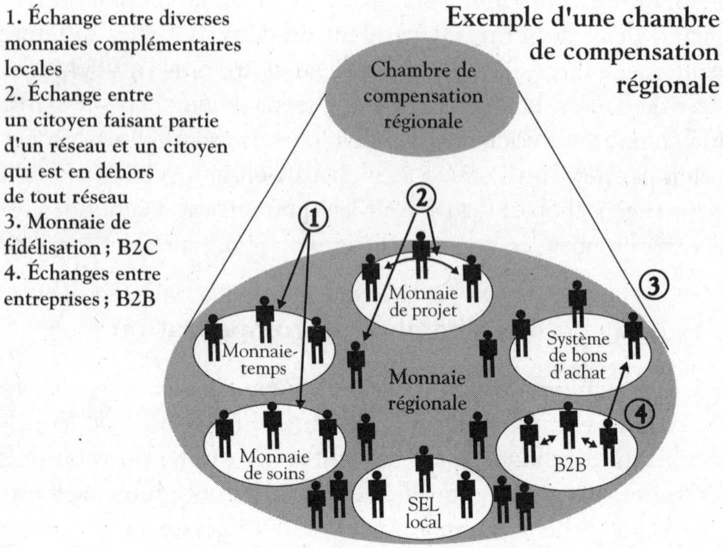

Bien entendu, plus les systèmes sont proches dans leurs objectifs, plus leur interconnexion est aisée. Cela étant, on peut aussi envisager de développer des relations entre des systèmes très divers : ainsi, une monnaie à vocation essentiellement sociale (comme le *Fureai-Kippu* au Japon) peut être insérée dans un système régional plus important, pour peu que les conditions d'échange soient clairement établies. Avec certaines nuances, il en va de même pour des monnaies à vocation essentiellement commerciale.

Avant d'intégrer des sous-systèmes différents, il convient tout de même d'évaluer les avantages et les inconvénients de leur participation à la chambre de compensation. Cela est particulièrement important lorsqu'il a existé de grandes différences lors du processus de création d'argent. Dans ce cas, il faut clairement déterminer certaines limites aux excédents ou aux déficits autorisés pour chaque sous-système, sans quoi l'équilibre du système pourrait en souffrir [15].

À propos du contenu et des aspects territoriaux

Si l'on veut proposer une catégorisation schématique des systèmes de compensation, on peut distinguer leur contenu (dimension conceptuelle) de leur dimension territoriale (voir encadré).

Degré de différenciation conceptuelle ?	**Type 2** Mise en réseau de systèmes complémentaires géographiquement proches mais différents dans leurs contenus.	**Type 4** Mise en réseau de systèmes complémentaires éloignés géographiquement et différents dans leurs contenus.
Degré de différenciation territoriale ?	**Type 1** Mise en réseau de systèmes complémentaires géographiquement proches et proches dans leurs contenus.	**Type 3** Mise en réseau de systèmes complémentaires éloignés géographiquement mais proches dans leurs contenus.

Selon les objectifs de la mise en réseau des différents systèmes, la chambre de compensation remplira des fonctions différentes et les garanties de sécurité varieront aussi. Un système de compensation pour un système complémentaire de type 1 peut être relativement simple, du fait de la proximité géographique des acteurs et de l'homogénéité des objectifs poursuivis. Il est par ailleurs envisageable que les acteurs du système, se connaissant entre eux,

15. On pourra, sur ce point, se référer au modèle du Bancor proposé par John Maynard Keynes après la Seconde Guerre mondiale : il entendait en effet fixer des plafonds, aussi bien pour les emprunteurs que pour leurs créanciers. Voir Monbiot (G.), *United People – Manifest für eine neue Weltordnung*, Munich, 2003.

puissent s'entendre directement sur les règles et que la mise en réseau se fasse rapidement.

En comparaison, l'introduction d'un système de compensation de type 3 a toutes les chances d'être beaucoup plus laborieux. Car, plus les systèmes sont dispersés géographiquement, plus l'effort de coordination est important et coûteux : il faut gérer, selon les cas, la diversité linguistique, les éventuels décalages horaires, etc.

Les chambres de compensation se distinguent aussi selon leur degré plus ou moins important d'ouverture. Les systèmes clos sont à cet égard les plus simples à gérer. Dans cette variante, les différents sous-systèmes sont gérés grâce à un seul serveur Internet. Toutes les données relatives aux membres, aux dépôts, comme aux offres et aux demandes, sont enregistrées sur ce serveur et, du fait de leur proximité, les différentes monnaies sont compensées directement. Les offres et les demandes sont accessibles dans les limites du système. Cette variante correspond surtout aux types 1 et 2 et peut, dans certaines limites, s'appliquer au type 3. Le système du Vorarlberg, par exemple, est un système fermé.

Un système de compensation ouvert de type 4 reliant des systèmes très variés exige des procédures et des solutions techniques beaucoup plus complexes.

L'unification des règles entre les différents systèmes, comme par exemple la réglementation de la masse monétaire autorisée dans le cadre des échanges entre systèmes, permet de standardiser les interactions et de réduire le coût des transactions. Les règles doivent être claires et prudentes. Sur cette base, il est possible d'enregistrer avec une grande précision tous les mouvements d'un système à l'autre. Et si le membre d'un des systèmes vient à déménager, il peut transférer son compte très facilement. La réglementation des facteurs de conversion est nettement facilitée, tout comme la sécurisation des écritures.

8.
Le Japon : un laboratoire d'expérimentation des monnaies complémentaires

Depuis 1990, le Japon vit, en partie, la crise qui nous touche aujourd'hui. À l'époque, le système bancaire japonais a implosé dans le contexte d'une bulle immobilière et boursière. Leur situation était moins grave que la nôtre, car il s'agissait d'un crash isolé, affectant le Japon lui-même. Néanmoins, nous pouvons tirer plusieurs leçons de leur expérience aujourd'hui.

La première leçon concerne les erreurs à ne pas reproduire. Les Japonais ont d'abord cru ce qu'on leur disait : cette crise serait de courte durée, de deux ou trois ans seulement. Ainsi, ils ont attendu pendant six ans avant de prendre les choses au sérieux, et de commencer à mettre en place des initiatives concrètes. La Japanese Resolution and Collection Corporation, l'organisme chargé du refinancement des banques, et le lancement d'expérimentations systématiques avec des monnaies complémentaires, datent tous deux de la période 1996-1997.

Chez nous, on peut s'attendre à la même attitude de la part de ceux qui trois mois avant la crise prétendaient qu'une crise sérieuse n'était pas possible. Il est néanmoins compréhensible que les banques, les banques centrales et les gouvernements doivent prétendre que le problème sera de courte durée, car dire l'inverse ne ferait qu'empirer la situation. Cependant, nous sommes convaincus que le professeur Nouriel Roubini de l'université de New York a raison. Il fut un des rares Américains à avoir annoncé en 2006 ce qui s'est passé en 2008. Aujourd'hui, il soutient que « cette crise sera longue, féroce, pénible et profonde ». Il est heureux que, devant l'ampleur du désastre, les gouvernements américain et européens aient agi plus vite que les Japonais pour sauver leurs banques respectives. Cependant, combien de temps faudra-t-il pour que l'on prenne au sérieux les solutions systémiques concernant les monnaies complémentaires ? Ce chapitre fait l'inventaire de ce qui a été réalisé en la matière.

Si les cadres juridiques sont souvent contraignants dans les pays européens, le Japon, ces dernières années, a assoupli ou a même parfois abandonné certaines lois, afin d'expérimenter différents systèmes de monnaies complémentaires. Aujourd'hui, le Japon est le pays qui compte le plus de systèmes de monnaies complémentaires sur son territoire et ces systèmes sont d'une étonnante diversité.

La méthode de prise de décision japonaise est bien connue : les Japonais attendent patiemment qu'un consensus se dégage sur une question donnée et, après ce consensus seulement, lancent quelque chose à grande échelle. C'est, par exemple, ce qui avait été fait pour lancer la fameuse restauration Meiji de 1868 qui a propulsé le Japon dans l'ère industrielle suite à une décision consciente. Ce n'était d'ailleurs pas la première fois que ce genre de décision avait été prise au Japon : les dirigeants firent exactement la même chose au Xe siècle lorsqu'ils décidèrent d'importer systématiquement la culture chinoise, y compris l'écriture chinoise, le bouddhisme sous sa forme zen et la plupart des arts depuis la calligraphie, la poésie, la peinture jusqu'aux arts du jardin. À notre avis, un tel consensus sur un nouveau modèle de développement post-industriel n'est pas encore atteint au Japon, mais la question est posée, et les responsables y travaillent patiemment.

C'est dans ce contexte plus vaste qu'il faut comprendre les expérimentations de monnaies complémentaires au Japon. Ce qui est certain dès à présent, c'est que ces modèles de monnaies complémentaires feront partie du mode de développement futur du Japon. Mais on n'y a pas encore atteint un consensus à propos des modèles spécifiques de monnaies complémentaires qui seront les plus appropriés pour tel ou tel genre de problèmes. Nous pouvons donc prédire que le jour où un tel consensus sera obtenu, le monde découvrira tout à coup que le Japon s'est choisi un nouveau modèle de développement économique et social, monnaies complémentaires incluses, sans se rendre compte des nombreuses années de travail et de patiente expérimentation qui ont conduit à cette décision.

Les expérimentations entreprises au Japon en matière de monnaies complémentaires sont donc d'une grande importance pour le reste du monde, y compris pour les Européens d'aujourd'hui, parce que les problèmes de mutation vers une société post-industrielle se posent pour tout le monde. En août 2002, le ministre japonais de l'Économie et de l'Industrie annonçait que le recours aux monnaies complémentaires pouvait sortir le pays des griffes de la déflation car ces monnaies mettent à la disposition des régions les liquidités dont elles ont besoin [1]. Le Japon, deuxième puissance économique mondiale, est ainsi devenu un laboratoire où l'on expérimente en temps réel de nombreuses formes d'innovations monétaires en vue de traiter à la racine les problèmes sociaux et économiques du pays. Pouvons-nous ignorer ces recherches plus longtemps ?

Ce chapitre se propose donc d'observer plusieurs formes de monnaies complémentaires introduites au Japon. Il se fonde pour l'essentiel sur des entretiens réalisés sur place par un des auteurs,

1. Maruyama (M.), "Local Currencies in New Zealand and Australia", in Koizumi (J.) (ed.), *Dynamics of Cultures and Systems in the Pacific Rim*, Osaka, 2003, p.183.

Bernard Lietaer, avec les initiateurs et les acteurs de ces projets. Le but poursuivi ici est principalement de stimuler la créativité d'initiateurs potentiels de monnaies complémentaires en Europe. Presque toutes les idées décrites dans ce livre ont déjà été testées par quelqu'un, quelque part au Japon. Et il faudrait y ajouter une douzaine d'idées que nous n'avons même pas mentionnées jusqu'à présent…

Les pionniers

Avant 1868, c'est-à-dire avant que le Japon ne s'ouvre au monde extérieur, avec la proclamation de la restauration Meiji, les monnaies complémentaires n'étaient pas rares dans l'économie japonaise. Elles ont été souvent utilisées au sein des *han*, les subdivisions administratives régionales. Beaucoup de choses ont été écrites à propos de l'influence de ces systèmes monétaires sur la cohésion de la société japonaise et sur le caractère durable du développement économique des différentes régions du pays [2]. Il est intéressant de noter que cette situation monétaire était assez similaire à celle de l'Europe au Moyen Âge, à l'époque où les monnaies complémentaires foisonnaient, comme nous l'avons vu au chapitre 3.

Les expériences actuelles de monnaies complémentaires sont donc les premières depuis la fin de l'ère Edo. Ces systèmes locaux ont fait l'objet d'un véritable regain d'intérêt à partir du milieu des années 1990, quelques années après la crise économique japonaise du début de cette décennie. En décidant de prendre le problème à bras le corps en recourant aux monnaies régionales, les

2. Maruyama (M.), Hasatsu: "Local Currencies in Pre-Industrial Japan", in Duncan (C.), Tandy (D.) (eds.), *From Political Economy to Anthropology*, Oxford, 1994, p. 122-132; Maruyama (M.), "Local Currencies in pre-Industrial Japan", in Gilbert (E.), Helleiner (E.), *Nation-States and Money: The Past, Present and Future of National Currencies*, Londres, 1999, p.68-81; Maruyama (M.), *Local Currency as a Convivial Tool: A Study of Money Uses from the point of view of substantive Economy*, thèse de doctorat, York University, Canada, 1998.

responsables japonais ont enclenché un processus sans précédent de création de nouvelles monnaies.

Des tentatives similaires avaient pourtant été entreprises au Japon après la Seconde Guerre mondiale. Ces expériences ont fait l'objet de peu d'attention. Aussi, nous les présenterons rapidement.

Les pionniers japonais dans le domaine des monnaies complémentaires étaient exclusivement des femmes : c'est peut-être la raison pour laquelle leurs travaux sont restés ignorés, aussi bien au Japon qu'à l'étranger [3]. Chronologiquement, la première à s'être investie dans ce domaine est Teruko Mizushima, née en 1920 à Osaka. En 1950, elle a écrit un article visionnaire intitulé « La Banque pour le travail » qui lui a valu un prix national. L'idée développée dans cet article était celle d'un système monétaire dont l'unité de compte correspondait à des heures de travail, gérées par une sorte de « banque du temps ». En 1973, Teruko Mizushima a fondé à Osaka la *Volunteer Labor Bank*, c'est-à-dire une banque du travail bénévole. Tout cela s'inscrivait à l'époque dans le cadre d'un mouvement féministe qui, aujourd'hui encore, est toujours actif au Japon. En 1979, ce système comptait plus de 3 000 membres, tant et si bien qu'en 1982, une filiale s'ouvrait en Californie. En 1983, Teruko Mizushima exposait sa vision dans un livre [4] : à ce moment-là, son système comptait 3 800 membres, regroupés en 262 sections. Le réseau gérait une grande variété de travaux bénévoles, allant de l'aide aux personnes âgées au travail dans les hôpitaux, en passant par la garde d'enfants. En 1983, plus de 480 000 heures de travail avaient été effectuées dans le cadre du réseau. Les membres n'hésitaient pas à s'entraider, en cas de maladie, de naissance, de départ en vacances, en faisant le ménage, en nourrissant les animaux domestiques ou en gardant les enfants.

3. Nous nous fondons ici sur un entretien entre Bernard Lietaer et Misuya Ichien de l'université du Kansaï. Celui-ci a écrit deux études pour le Research Institute of Ageless Society, qui ne sont malheureusement disponibles qu'en japonais, dont *Report of Research – a desirable Model of non-profit welfare activities for the Elderly* (1991).

4. Mizushima (T.), *Professional Housewife and Professional Mother*, Tokyo, 1983.

Une autre femme, Mishiko Kanema, a constitué à partir de 1965 un réseau très proche dans ses principes de celui de Teruko Mizushima, à ceci près qu'il n'était actif que dans le cadre de la paroisse chrétienne de Takamatsu, dans la préfecture de Kawaga. À chaque fois qu'un des membres déménageait, elle fondait dans sa nouvelle commune de résidence une filiale de l'organisation. Sur ce principe, le réseau de Mishiko Kanema a peu à peu acquis une dimension nationale.

En juin 1990, on comptait une quarantaine de groupes de ce type, gérant des heures de travail bénévole sur tout le territoire japonais. Leurs organisations formelles étaient assez différentes : neuf groupes étaient des initiatives citoyennes, quinze étaient des associations de bienfaisance, douze étaient des coopératives. Plusieurs travaillaient en étroite collaboration avec les pouvoirs publics locaux.

Le travail considérable réalisé par ces pionnières explique probablement le succès des modèles mis en œuvre au Japon depuis le milieu des années 1990. La première expérience qui s'inscrit dans le sillage de Mishiko Kanema et des autres pionniers est le système *Fureai-Kippu*.

Le système *Hotta* et *Fureai-Kippu*

En se retirant de la vie professionnelle en 1991, Tsutomu Hotta, avocat et ministre de la Justice respecté, décida de consacrer toute son énergie à la prise en charge des personnes âgées. De tous les pays industrialisés, le Japon est en effet le pays dont la proportion de personnes de plus de 65 ans augmente le plus vite. C'est la raison pour laquelle il a créé le centre *Sawayaka Fukushi* (littéralement : « organisation de bienfaisance Sawayaka »), qui s'est rapidement développé, au point de devenir une véritable institution nationale.

La vitalité des systèmes de monnaies complémentaires au Japon ne peut être comprise sans évoquer le tremblement de terre de Kobe, en janvier 1995. Son influence a été décisive. Une catastrophe de cette ampleur dépassait largement les capacités d'action prévues par le gouvernement japonais : c'est ainsi qu'on a vu se développer une multitude d'organisations volontaires proposant de l'aide dans une grande variété de domaines. Tsutomu Hotta s'est d'abord engagé à faire passer une loi qui reconnaît l'existence légale des associations d'utilité publique, un statut qui, jusqu'alors, n'existait même pas dans la législation japonaise. En 1998, ses efforts ont porté leurs fruits.

Le système *Fureai-Kippu* regroupe une grande variété de réseaux locaux, qui ont tous cette caractéristique de travailler pour le bien commun. Il ne s'agit pas du tout d'un système unitaire et centralisé. La monnaie utilisée s'appelle le *kippu* (en japonais, le ticket). Elle n'existe que sous forme électronique : le papier n'est pas utilisé. L'ensemble du système est administré d'une façon informatisée totalement décentralisée.

Quelques systèmes *Fureai-Kippu* utilisent deux modes de paiement : une partie des prestations se paient en monnaie conventionnelle mais le *kippu* est utilisé en parallèle. En fait, la monnaie conventionnelle dans ce système ne sert pas vraiment à rémunérer une prestation ou un service, mais plutôt à marquer une forme de gratitude : la somme versée, faible, n'est pas liée de manière fixe à la valeur marchande du service rendu. « Dans la société japonaise, on n'apprécie guère d'accepter l'aide d'une personne qui n'est pas de la famille sans donner quelque chose en contrepartie. En donnant, ne serait-ce qu'une petite somme, l'assistant et l'assisté se trouvent sur un pied d'égalité[5]. »

On peut distinguer plusieurs sous-catégories dans les systèmes *Fureai-Kippu*, selon l'importance plus ou moins grande qu'ils accordent au yen et au *kippu* :

5. Tamaki (N.), *Saa Iou*, 10 mars 1999, p. 8.

– Certains n'utilisent que le *kippu*[6].

– D'autres utilisent, au choix, l'une ou l'autre de ces monnaies. Environ 60 % du système *Fureai-Kippu* fonctionne de cette manière : parfois, ce sont les « usagers » eux-mêmes qui choisissent quelle monnaie ils souhaitent utiliser ; dans d'autres cas, ils doivent acheter au préalable des tickets qu'ils donnent aux personnes qui les aident. Enfin, d'autres systèmes acceptent l'argent liquide dès lors que les participants ont à leur crédit un minimum de 300 heures de service[7].

– D'autres encore s'en tiennent à des pondérations fixes déterminant les parts relatives qui doivent être réservées aux différents modes de paiement[8].

– Enfin, il existe aussi au Japon deux chambres de compensation électroniques, qui permettent à leurs membres de transférer leurs tickets à d'autres personnes, par exemple à leurs parents, qui vivent dans une autre région du pays.

Kato et l'*Ecomoney*

Nous avons déjà évoqué plus haut (chapitre 4) la personnalité de Toshiharu Kato et le caractère inhabituel de sa carrière pour un haut fonctionnaire japonais. Rappelons qu'il avait été directeur du département des services au METI et qu'il a développé le concept de *l'ecomoney*. Il a ensuite fondé le réseau *Ecomoney*[9], une organisation d'utilité publique dont le rôle est d'aider les régions qui le désirent à introduire des systèmes monétaires locaux.

6. Plusieurs systèmes fonctionnent ainsi : la *Matsuyama Conference of Social Welfare*, dans la préfecture d'Ehime, la *Welfare Bank Ohdate* dans la préfecture d'Akita, le *Nippon Active Life Club* et l'*Ainowa Bank*, dans la préfecture de Tottori.

7. La *Nippon Care System Association* fonctionne sur ce principe, tout comme le réseau *Nagareyama-Uai*, dans la préfecture de Chiba.

8. La *Kobe Life Care Association* fonctionne ainsi.

9. Voir http://www.ecomoney.net (en japonais).

Ce réseau assure les fonctions suivantes :

– il analyse les besoins de la région ;

– il élabore des systèmes monétaires locaux sur mesure, adaptés aux besoins identifiés ;

– il met à disposition des intéressés une documentation qui les aide à faire les bons choix ;

– il propose différentes aides, y compris financières, au moment de la mise en pratique du système ;

– il contribue à la diffusion des résultats de la recherche scientifique dans ce domaine.

Le réseau collabore avec des entreprises, membres du *Ecomoney Business Consortium*. Par exemple, à l'heure où nous écrivons ce livre, la *Nippon Telegraph and Telecom* développe un logiciel spécialement conçu pour le réseau *Ecomoney*. Ce programme de développement s'inscrit dans le cadre du projet *« Daily Life Welfare Information Network »*, un réseau d'information destiné aux urbanistes, aux entreprises locales, aux organisations d'intérêt public et aux assistants sociaux et de santé. De même, la filiale japonaise d'Oracle y porte de l'intérêt. De nouveaux logiciels sont également en cours de développement dans les chaires de technologie de l'information de certaines grandes universités japonaises comme l'université Meio ou l'université technique Himeji, dans les environs de Kyoto.

Certains projets *Ecomoney* peuvent être créés à petite échelle, pour de petits villages, comme Yamada, dans la préfecture de Toyama ou la petite ville de 15 000 à 20 000 habitants de Kurin, sur l'île d'Hokkaido. Mais certains projets sont conçus à plus grande échelle, pour des préfectures entières, comme celles de Shizuoka, de Chiba ou de Shiga qui ont introduit de véritables monnaies régionales. Une préfecture japonaise correspond approximativement à un département français.

Certains systèmes complémentaires développés par le réseau *Ecomoney* intègrent des éléments d'autres monnaies complémentaires, comme le *Fureai-Kippu* ou le LETS. Beaucoup d'entre eux utilisent les cartes à puce. Un des systèmes *Ecomoney* inclut des monnaies complémentaires pour quelque 27 fonctions différentes ! Ils poursuivent chacun des objectifs aussi variés que la bienfaisance, l'éducation, la prévention des catastrophes, la protection de l'environnement ou la préservation des traditions culturelles régionales. À cela s'ajoutent les services commerciaux d'entreprises élaborant des produits biologiques pour les enfants souffrant d'allergies ou proposant différents services pour les personnes âgées ou malades.

Enfin, *Ecomoney* a lancé également des projets de très grande envergure, comme le système LOVE [10], une monnaie ayant cours à Yamato, une ville de plus de 200 000 habitants. Les habitants de cette ville qui participent au système effectuent leurs paiements grâce à des cartes à puce ou à des cartes magnétiques.

Il existe ainsi à l'heure actuelle une quarantaine de modèles élaborés par Toshiharu Kato. Tous les systèmes *Ecomoney* ont ces caractéristiques en commun :

– Ils ont été élaborés par Toshiharu Kato et son équipe.

– Ils se concentrent essentiellement sur l'échange de services, les biens ne pouvant être payés en *Ecomoney*.

– Ils ont tous un caractère plus ou moins expérimental, l'idée étant de constituer une base de données aussi riche que possible, qui permette d'identifier ce qui fonctionne.

– Ils ont tous un caractère plus ou moins provisoire, la plupart s'arrêtant après une période allant d'un an et demi à trois ans. C'est la raison pour laquelle le nombre des systèmes opérationnels ne s'étend pas très rapidement. Au début, il n'y avait que quatre systèmes *Ecomoney*. En 1999, on en comptait une dizaine, et aujourd'hui une quarantaine sont opérationnels.

10. LOVE est l'acronyme de *Local Value Exchange*. Il s'agit d'une monnaie complémentaire introduite à l'initiative de l'université Meio.

Les initiatives radicales

La dernière école japonaise en matière de systèmes monétaires complémentaires regroupe ce que nous pourrions appeler les « initiatives rebelles », en raison de leur rejet total de toute forme de régulation nationale et centralisée. Ces initiatives sont chronologiquement les dernières à avoir intégré le mouvement des monnaies complémentaires japonaises : les plus anciennes datent seulement de 1999. Leurs membres sont souvent très actifs : en 1999, il n'existait que neuf systèmes de ce type et il y en a aujourd'hui 175.

L'une des raisons de leur succès réside sûrement dans une volonté politique de se départir de tout ce qui s'apparente à une autorité centrale en matière de monnaies complémentaires. Cela ne concerne pas seulement les projets *Ecomoney* mais aussi toutes les formes d'influences centralisatrices de la société japonaise.

À quoi ressemblent ces initiatives rebelles ? Ce sont, en quelque sorte, les véritables héritières des projets pionniers que nous évoquions plus haut. Ces projets présentent également de nombreuses similitudes avec certains types de projets que l'on retrouve dans d'autres pays comme l'Allemagne, le Royaume-Uni, les États-Unis, la Nouvelle-Zélande, l'Australie et le Canada. En effet, la plupart des initiatives rebelles s'inspirent et tirent parti d'idées développées à l'étranger, suivant le principe du *benchmarking*. Les systèmes LETS, *Time Dollar* et *Ithaca Hours*[11] y sont typiquement invoqués. Toutefois, les initiatives du mouvement radical au Japon ont également développé et mis en place un certain nombre de concepts originaux et nous les aborderons ici.

On en trouvera un panorama intéressant dans les différentes publications de Rui Izumi[12].

11. Il s'agit d'un petit système monétaire complémentaire introduit par Paul Glover en 1991 dans la ville universitaire d'Ithaca, dans l'État de New York.

12. Voir, entre autres, Izumi (R.), "The Role of Community Currencies and the Development in Japan", *The Nonprofit Review*, 1 (2), 2001, p. 151-162 (en japonais); Izumi (R.), "Objectives and Systems of Community Currencie",

Schéma des influences des systèmes de monnaies complémentaires japonaises « rebelles[13] »

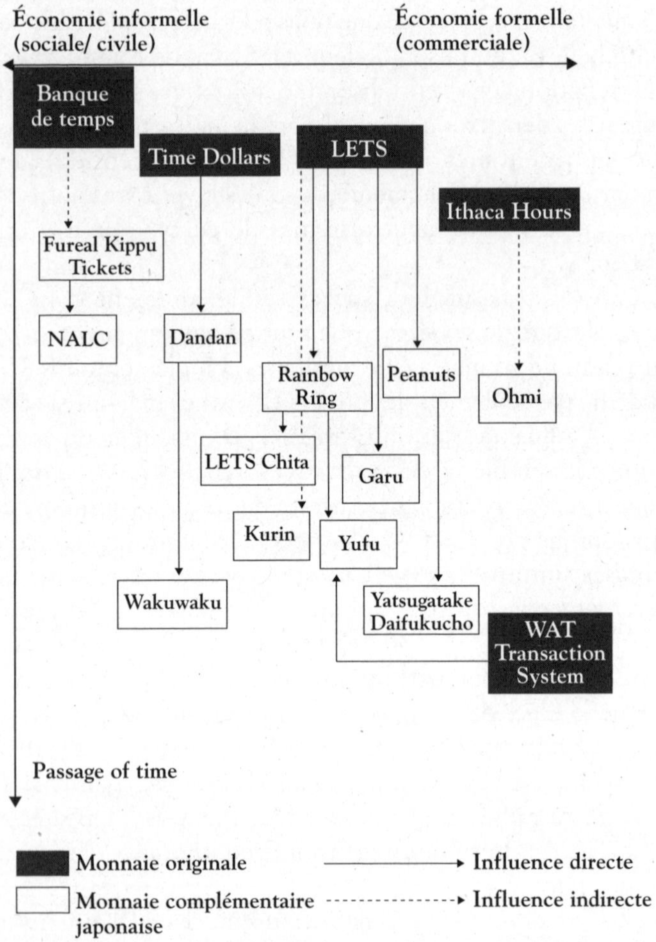

The Quarterly Journal of Future Management, 7, 2002, p.24-31; Izumi (R.), "Trends in Community Currencies in Japan", *Self-Government Research Monthly*, 44 (511), 2002, p.47-56 (en japonais); Izumi (R.), "Community Currencies", *Yearbook of Japanese Environment*, Tokyo, 2003 (en japonais).

13. Tiré de : Izumi (R.), "The Role of Community Currencies and the Development in Japan", *op.cit*.

Ce schéma montre le développement des monnaies complémentaires rebelles au Japon. En abscisse, on trouve les champs d'activité économique dans lesquels les monnaies sont opérationnelles. Sur la gauche, on voit le domaine de l'économie informelle et sur la droite, le domaine de l'économie formelle dominé par les entreprises et les différents types d'institutions. En ordonnée, on voit l'évolution dans le temps de ces différents projets. Les flèches indiquent l'influence exercée par les modèles étrangers sur ces différentes expériences japonaises.

La plupart de ces projets sont d'ampleur assez réduite et comptent, en général, moins d'une centaine de participants. Seulement cinq de ces organisations comptent plus de mille participants : trois d'entre elles travaillent à l'échelle du pays, sur la base d'un réseau de filiales comptant une centaine de participants. Il y a un lien entre la taille de ces organisations et le degré d'implication des entreprises qui y participent : les plus grands systèmes comptent des entreprises parmi leurs membres, ce qui est plus rare dans les petits systèmes. Les plus petits systèmes travaillent avec des unités de temps et des cahiers d'échanges ou des tickets.

Le nombre de systèmes rebelles évolue rapidement. Plusieurs des systèmes décrits par Rui Izumi dans ses ouvrages n'existaient plus un an après. Cinq d'entre eux étaient des expérimentations limitées dans le temps par choix initial. Un autre a échoué par manque de soutien de la population locale. Cependant, dans la même période, environ soixante nouveaux projets voyaient le jour !

Nouveaux modèles japonais originaux

Dans cette section, nous présenterons plusieurs systèmes de monnaies complémentaires japonais qui comportent des caractéristiques tout à fait nouvelles [14]. Comme nous l'avons déjà évoqué, les expériences *Ecomoney* menées par Toshiharu Kato sont d'une grande diversité. Mais cela n'épuise pas le potentiel d'innovation du Japon. Les initiatives rebelles et d'autres organisations locales expérimentent elles aussi une grande variété de systèmes. Si nous tentions de décrire ces modèles en détail, cela tournerait vite au catalogue, ce qui serait fastidieux pour le lecteur. Nous nous concentrerons donc sur ce qui distingue ces modèles des autres, c'est-à-dire sur ce qui fait leur caractère innovant. La présentation sera d'autant plus longue que les aspects innovateurs sont plus nombreux : cela ne doit pas, pour autant, être vu comme une recommandation du modèle présenté.

Le système WAT

Le système WAT a été mis au point par Eiichi Morino, le président d'une société de recherche japonaise. Il a vu le jour en août 2000[15]. Une unité WAT correspond à un kilowatt-heure d'énergie : l'énergie, propre, est produite par des coopératives citoyennes grâce à des éoliennes et des panneaux solaires. Un WAT vaut entre 75 et 100 yens, c'est-à-dire entre 60 et 90 centimes d'euros. Six minutes de travail environ sont nécessaires pour produire un WAT. Le moyen de paiement est un papier, une sorte de billet ou de ticket. Ces tickets sont souvent imprimés par des entreprises, qui en profitent pour faire de la publicité au verso. Ils sont utilisés pour toutes sortes de paiement et circulent, jusqu'à ce qu'ils reviennent à l'organisme d'émission. Celui-ci donne en

14. Nous nous appuyons ici sur une discussion que nous avons eue à Oita avec Eiichi Morino en mai 2003.
15. Pour plus d'informations, voir http://www.watsystems.net. (en japonais). Voir aussi le site de Robert Mittelstädt :
http://www.home.debitel.net/user/RMittelstaedt/Money/watto.htm

échange des biens ou des services équivalant aux tickets, qui sont ensuite annulés[16].

Le système n'est pas géré par un serveur : il n'y a pas, dans le système WAT, d'ordinateur central qui enregistre l'ensemble des transactions, comme c'est le cas dans le système LETS. Le modèle WAT est plutôt géré suivant le modèle *peer-to-peer*, dans lequel plusieurs ordinateurs administrent le système au même niveau. Il n'y a pas de bureau central, pas de coordination, donc pas de contrôle centralisé de l'ensemble du système. C'est la raison pour laquelle il n'y a pas de cotisation d'adhésion. Le rôle de l'association des amis du WAT se limite à la publication d'un journal adressé aux membres du réseau et à l'émission des tickets. Les formulaires nécessaires à toute démarche peuvent être téléchargés gratuitement sur le site Internet de l'association. Les différents coûts de fonctionnement du système, comme l'impression des tickets, sont payés par des entreprises auxquelles on accorde le droit de publicité sur les tickets imprimés. D'autres entreprises se sont regroupées afin d'émettre un ticket commun. Même les particuliers ont le droit d'émettre leurs propres WAT, ce qui prouve l'extrême décentralisation du système. L'acceptation des tickets émis par des individus dépend de la fiabilité de la personne et de sa réputation au sein du système, un peu comme ce que l'on observe lors des ventes aux enchères en ligne. Ce système est intéressant car il crée un réseau de confiance entre les membres du système.

Toute personne acceptant ces tickets en paiement de quelque chose devient automatiquement membre du système. Compte tenu de sa nature très décentralisée, le système s'étend rapidement dans tout le pays : on ne sait pas précisément combien de personnes sont effectivement membres. La création des tickets WAT figure parmi les méthodes de création monétaire les moins onéreuses.

16. Pendant une longue grève des banques en Irlande, la brasserie Guinness a émis des chèques qui ont joué un rôle comparable.

Autres modèles

Il existe une grande variété d'autres systèmes fonctionnant d'une manière plus ou moins centralisée. Le système *Genki-Koukan*, dans la préfecture de Yamanashi, permet à tous les participants qui le souhaitent d'émettre leur propre monnaie, comme dans le modèle WAT. Il existe cependant, contrairement au modèle WAT, une centrale de compensation qui organise la diffusion des tickets sur le marché local. Une vingtaine d'entreprises et plusieurs centaines de particuliers font partie de ce système. La plupart des tickets sont émis par les entreprises, qui bénéficient d'un capital de confiance plus important que les particuliers.

Une équipe de chercheurs de l'université de Iwate met actuellement au point un système électronique visant à sécuriser les systèmes fonctionnant sur le modèle *peer-to-peer* comme le WAT, l'idée étant de limiter les risques de falsification ou de mise en circulation de tickets déjà annulés [17].

Certaines monnaies régionales japonaises sont basées sur des produits physiques. Ainsi, dans la région d'Osaka, il existe un système monétaire dont l'unité de compte équivaut à un gramme de charbon de bois. Le charbon de bois est une matière très utilisée dans cette région. La monnaie ainsi créée étant à tout moment convertible en charbon de bois, elle dispose d'un capital de confiance non négligeable dans la région [18].

Le système *LEAF* est un autre exemple de ce type. La monnaie est convertible en produits agricoles. Ce modèle a été adopté en 2003 par des paysans de la région de Kobé.

Un système très au point est utilisé dans la région de Rubeshibe, sur l'île d'Hokkaïdo. Les taux d'intérêt étant presque

17. Namikawa (T.), Ayama (K.), *Proposal for a P2P local currency system in a Network*, travail de recherche à l'université de technologie de l'information de la préfecture d'Iwate, 2003.

18. Ce système ressemble à un système qui s'est développé en Allemagne dans les années 1920, le système WÄRA. Voir sur ce point Lietaer (B.), *Das Geld der Zukunft*, *op.cit.*, p. 263-268.

nuls au Japon, la ville a lancé un emprunt sans intérêt, remboursé par l'emprunteur en yen. Ce qui est intéressant, c'est que cet emprunt perçoit tout de même des intérêts, mais uniquement sous la forme de produits agricoles au moment de la récolte. Une partie de l'argent perçu grâce à l'emprunt est utilisée pour acheter des produits agricoles, ce qui stimule directement l'économie locale : la boucle économique locale est ainsi bouclée.

Un autre modèle utilise des bons de réduction. Plusieurs entreprises de Tokoname, une ville de la préfecture de Aichi, émettent des tickets bleus, qui permettent de bénéficier de réductions dans certains magasins. La municipalité aide le réseau à s'organiser, si bien qu'il se développe rapidement. Trois modèles comparables ont vu le jour au Japon, notamment dans les villes d'Okinawa et de Miyakojima.

L'initiative rebelle la plus connue est le système *Peanuts*, utilisé dans la préfecture de Chiba depuis février 1999. Ce système regroupe plus de 600 membres, comprenant des paysans, des petits entrepreneurs et des particuliers. Les *peanuts* sont une variante du système LETS et leur succès de circulation semble dû au système de démurrage que l'on doit payer tous les mois, quand on ne vide pas son compte.

Les différentes tendances

Si l'on cherche à s'y retrouver parmi les nombreux systèmes de monnaies complémentaires opérationnels au Japon, il faut bien comprendre que chacun de ces modèles donne un aperçu d'une certaine situation, toujours susceptible d'évoluer rapidement.

On peut cependant classer ces différents modèles par catégories, ce qui permet d'en avoir une vue d'ensemble. Le graphique suivant montre quels modèles ont été opérationnels et à quelle période. On voit ainsi que certains d'entre eux, dits « pionniers », existent encore à l'heure où nous écrivons ce livre, bien qu'une majorité se soit fondue dans le système *Fureai-Kippu*, apparu en 1995 et dont le succès doit beaucoup aux travaux préparatoires des initiatives pionnières. Ces travaux expliquent la croissance exceptionnellement rapide des monnaies complémentaires japonaises dans le domaine des soins et de la prise en charge. Contrairement à l'impact du système *Fureai-Kippu*, on voit que le nombre total d'expériences de type *Ecomoney* a plutôt tendance à se maintenir à un niveau stable : comme on l'a vu, cela tient au fait que ces expériences sont souvent circonscrites dans le temps par décision initiale et que beaucoup disparaissent pour être remplacées par d'autres. En comparaison, les initiatives radicales connaissent une croissance importante, qui doit beaucoup à la défiance vis-à-vis des tendances centralisatrices de la société japonaise.

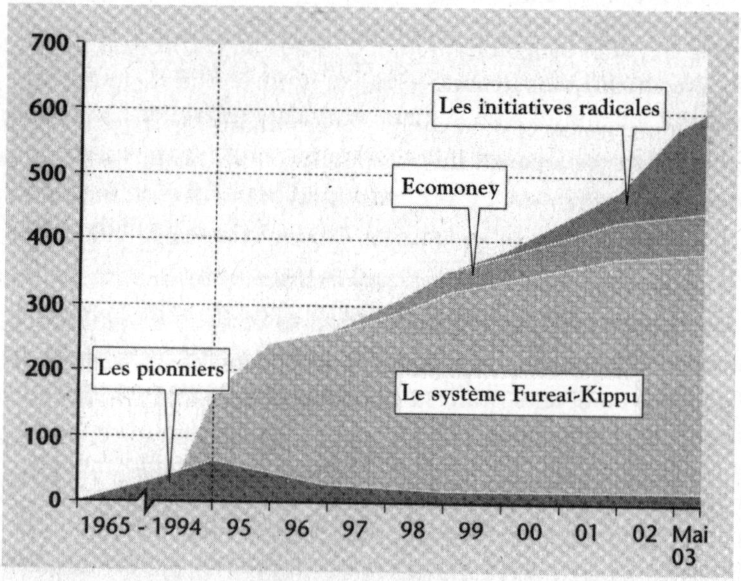

On peut regretter le peu d'échanges d'expériences entre ces différents groupes. Mais il existe aussi entre eux une sorte de compétition qui stimule la créativité et l'innovation.

Dans la grande diversité des expériences japonaises en matière de monnaies complémentaires régionales, on voit tout de même se dégager certaines lignes de force. Ainsi, il est clair que les responsables politiques locaux portent un intérêt de plus en plus grand à ces expériences : parfois même, c'est d'eux que vient l'impulsion. Au niveau national, comme dans la plupart des pays occidentaux, les monnaies régionales restent parfois considérées comme une simple curiosité un peu provinciale.

Il est intéressant de noter néanmoins une tendance à l'interconnexion de systèmes monétaires complémentaires jusque là isolés, ce qui contribue à l'émergence de véritables modèles régionaux. C'est par exemple l'un des effets du système LOVE dont nous avons déjà parlé, qui a été créé pour permettre l'échange entre des systèmes très différents. Grâce au LOVE, on a vu se mettre en place un système complet et relativement unifié : nous avons donc affaire à un système régional, tel que décrit dans le chapitre 4.

À cet égard, les travaux de recherche du professeur Okada Mamiko, de l'université technique Himeji de Kyoto, ne manquent pas d'intérêt. Dans le cadre des projets *Ecomoney*, ils sont consacrés à la mise au point de logiciels destinés à simplifier, et donc à encourager, le développement de systèmes monétaires régionaux : par exemple, ils proposent la création d'une chambre de compensation fonctionnant grâce un serveur Internet [19]. Un autre institut tente aujourd'hui de regrouper plusieurs petits systèmes monétaires décentralisés autour d'un projet commun qui permettrait de se mettre en réseau tout en conservant une identité propre. C'est une bonne illustration de notre chapitre 6, dans lequel nous montrions qu'un système monétaire régional pouvait être créé par le sommet, c'est-à-dire par la création d'institutions et d'outils communs à plusieurs systèmes préexistants.

19. Voir sur ce point : http://www.100himeji.jp

Certains systèmes très concluants mis au point au Japon forment d'ores et déjà une sorte d'écosystème monétaire et semblent capables de s'étendre à l'ensemble du pays, voire au-delà [20].

Pour bien des Japonais, habitués ou attachés aux solutions proposées par l'État central, l'émergence de systèmes monétaires décentralisés pourra être vécue comme un changement fondamental. Pourtant, la profusion des modèles actuellement disponibles peut donner un aperçu de ce que sera l'avenir dans ce domaine. Consciemment ou inconsciemment, les Japonais, dans leur expérimentation d'une grande variété de systèmes, ont déjà réalisé ce qu'il est bon de faire lorsqu'on envisage une innovation radicale : ils comparent les différentes possibilités d'application de la nouvelle technologie, et en évaluent les résultats sur le terrain. Ainsi, ils anticipent et préparent patiemment une révolution en douceur, une mutation dans la structure de l'économie, dans les valeurs, dans le tissu sociétal, changements qui de toute façon seront inévitables…

Il nous semblerait salutaire que l'Europe s'inspire de ce vaste laboratoire d'expérimentation des systèmes monétaires complémentaires qu'est actuellement le Japon contemporain. Pourquoi attendre que les médias internationaux nous annoncent la nouvelle surprenante que le Japon lance, soit des milliers de systèmes de complémentaires régionaux simultanément, soit (ce qui est plus probable) un système national à fonctions multiples ? Ce choix ne sera officiellement fait que lorsqu'un consensus sur les modèles les plus appropriés pour le Japon sera atteint. Dans notre culture, le processus est évidemment différent, mais il serait utile d'être conscient de ce qui a déjà été testé avec succès au Japon ou ailleurs.

---

20. Voir sur ce point Uesugi (S.), Lietaer (B.), "An insight into the consequences for e-business : possible case for cross-border trading without using hard currency", *Symposium on Applications and Internet Workshops*, Orlando (Floride.), 27-31 janvier 2003. On trouvera des textes présentés lors de ce colloque sous ce lien : http://www.computer.org/proceedings/saint-w/1873/18730139abs.htm

Les efforts dans le domaine des innovations monétaires régionales aujourd'hui ne sont pas sans rappeler le début de l'aviation, au tournant des XIXe et XXe siècle. La grande majorité des scientifiques de l'époque affirmaient qu'un objet plus lourd que l'air ne pouvait pas voler. Il est à mettre au crédit des frères Wright, le 17 décembre 1903, d'avoir démontré pragmatiquement que voler était possible. Cependant, aujourd'hui, on a tendance à oublier qu'à l'époque, la nouvelle de cette percée technique et scientifique a pris des années pour être remarquée. Par exemple, il a fallu attendre plus de quatre ans pour que le *New York Times* annonçât la nouvelle, quand on sait que leur logo est « toutes les nouvelles susceptibles d'être publiées [21] » ! Et encore, la seule raison en était que les frères Wright ont fait, en 1908, une démonstration de leurs vols devant le Président des États-Unis !

De la même manière, la majorité des experts monétaires pensent encore que les monnaies complémentaires sont soit inutiles, soit impossibles à mettre en place, soit les deux à la fois. Malgré cela, en ce début du XXIe siècle, les expériences des regios dans les pays germanophones, du SOL en France, et celles en cours au Japon et dans une vingtaine d'autres pays, nous ont déjà démontré que l'envol des monnaies complémentaires en général, et régionales en particulier, est à la fois très utile et incontestablement possible. Comme c'était le cas pour l'aviation il y a tout juste un siècle, ces initiatives se sont déployées sans que la plupart des médias, des gouvernements, ou des experts, y aient accordé la moindre attention. Et quand ils finissent par découvrir leur existence, ils ont parfois tendance à les considérer comme des curiosités romantiques locales, sans en comprendre leur potentiel ou leur portée vitale pour le futur.

Quel est le chef d'État d'aujourd'hui qui jouera le rôle du Président des États-Unis, quand il a forcé le *New York Times* par sa seule présence en qualité de témoin, à annoncer la curieuse nouvelle que, tout compte fait, il est quand même possible de voler ?

21. "*All the news that is fit for print*".

9.
Et maintenant ?

Indépendamment de ce que les gouvernements ont déjà fait ou feront encore pour sauver le système bancaire, il est certain qu'il sera plus difficile pour les entreprises ou les personnes d'obtenir des crédits de la part des banques. Ces restrictions dureront jusqu'à ce que les banques parviennent à se refaire intégralement une santé, ce qui prendra un temps plus long que quiconque ne pourrait le désirer.

L'aspect le plus ardu à gérer, dans la situation actuelle, repose sur la simultanéité et la dimension pratiquement mondiale de la crise bancaire. Nous sommes maintenant en mode de pilotage automatique : il sera plus difficile d'obtenir des crédits bancaires, ce qui va entraîner une récession simultanée dans la plupart des économies du monde qui, à son tour, provoquera une « seconde vague » de nouvelle détérioration de la santé des banques qui elle-même provoquera des restrictions de crédit, installant un cercle vicieux qui pourrait durer une décennie. C'est la raison pour laquelle Joseph Stiglitz, prix Nobel d'économie et anciennement économiste en chef de la Banque mondiale, affirme ceci : « Lors des récessions précédentes, le débat typique entre experts était de décider s'il s'agissait d'une récession en forme de V (c'est-à-dire dure mais courte) ou en U (c'est-à-dire moins grave mais longue). Aujourd'hui, l'économie est entrée dans une récession qui se décrirait plutôt en forme de L. Elle est tombée bien bas, et va probablement rester à cette place longtemps encore [1]… »

La grande dépression des années 1930 est restée un cauchemar pour tout le monde.

Or, sous certains aspects, la situation est, en fait, plus complexe qu'à l'époque. En effet, nous sommes entrés maintenant dans une décennie où convergent quatre mégatendances planétaires, exactement comme cela était prévu dans un de nos ouvrages publié en 1999 [2]. En effet, en plus d'une crise financière massive et d'une explosion du chômage (comme dans les années 1930), nous sommes simultanément confrontés à un changement accéléré du climat mondial, avec une disparition massive de nombreuses espèces, et aux conséquences économiques et sociales d'un vieillissement sans précédent de la population. Nous avions démontré à l'époque que notre système monétaire actuel serait incapable de faire face à aucun de ces quatre défis séparément et encore moins simultanément…

Que faire ? La réponse varie selon les activités et les responsabilités de chacun. Nous mentionnerons trois cas de figure spécifiques ici : les acteurs du monde du commerce et des affaires, les responsables politiques et enfin ceux qui sont déjà engagés dans des activités de monnaies complémentaires.

Une stratégie en fonction de trois cas de figures

Acteurs du monde du commerce et des affaires

Le plus urgent est de réduire la contagion de la débâcle bancaire sur l'économie productive, et de contrecarrer à temps la « seconde vague » décrite ci-dessus. Lorsqu'un effet de dominos se

1. Stiglitz (J.), *Vanity Fair*, octobre 2008.
2. Lietaer (B) *The Future of Money: Creating new Wealth, Work and a Wiser World* (Londres: Century, 1999).

propage du fait de licenciements massifs et simultanés par les entreprises, et de banqueroutes en série, les ravages sur la structure économique et le tissu social laissent des séquelles indélébiles.

La solution la plus urgente serait une initiative que les entreprises elles-mêmes devraient lancer. En bref, il faudrait créer un réseau de type WIR (décrit au chapitre 5), qui facilite le crédit mutuel entre entreprises. C'est ce qu'ont fait seize entrepreneurs, à Zurich en 1934, quand ils ont décidé de créer leur propre monnaie d'échange, dans des circonstances similaires au contexte actuel. Rappelons qu'un WIR vaut un franc suisse, mais sans intérêts. Même si les banques ne font pas crédit aux entreprises pour qu'elles puissent se payer entre elles, les négociants peuvent eux, se procurer du crédit dans cette monnaie. Les modalités d'application et les précautions à prendre pour appliquer une telle stratégie sont bien connues et utilisées aujourd'hui par plus de 60 000 entreprises suisses qui participent au système WIR. Rappelons également que ce n'est pas une simple idée que d'affirmer l'efficacité d'une telle approche pour aider des entreprises durant une récession, mais qu'on a démontré quantitativement qu'elle est réellement effective à chaque récession suisse depuis soixante-dix ans. Idéalement, il faudrait mettre en place un réseau de ce type capable de fonctionner à l'échelle de l'Europe, sinon beaucoup des acquis qui ont été réalisés grâce à l'intégration européenne se perdront dans la prochaine décennie.

Insistons sur le fait qu'une stratégie capable de fonctionner à l'échelle européenne n'est pas incompatible avec le *leitmotiv* d'une stratégie de développement régional que nous avons expliquée plus haut. En effet, le système WIR est lui-même organisé en sept régions en Suisse, chaque région disposant de ses propres cercles d'affaires et de ses séminaires de formation, dispensés chacun dans leur langue et dans leur contexte propres. L'important est que les standards informatiques et les normes de qualité soient compatibles. Le grand avantage que nous ayons aujourd'hui, comparativement à nos prédécesseurs des années

1930, est que nous disposons de divers logiciels pour gérer des monnaies complémentaires et de l'internet comme moyen de communication. La stratégie proposée ici pourrait donc être appliquée assez vite et à bas coût.

Responsables politiques

Une des raisons principales pour laquelle le monde politique s'est précipité pour sauver le système bancaire de chaque pays est d'éviter la contagion vers le secteur non-financier. Cette intention est louable, mais la solution appliquée se révèlera insuffisamment efficace pour les raisons expliquées au début de ce chapitre. En revanche, la solution d'une monnaie complémentaire de type WIR, serait un complément indispensable dans ce contexte.

Le meilleur appui que le monde politique puisse donner à cette stratégie, est de permettre temporairement le paiement d'une partie des taxes – 10 % à 20 % seraient plus que suffisants – sous la forme de monnaies complémentaires qui obéissent à certains critères de qualité donnés. Cette mesure ne s'appliquerait que pendant les années où les banques seront en train de restaurer leurs bilans, et ne seront donc pas en position de fournir les crédits au niveau nécessaire pour une économie florissante.

Comme on peut s'attendre à ce que, de toutes façons, les revenus fiscaux se réduisent pendant la récession, il vaut mieux avoir des revenus additionnels en monnaie complémentaire qu'aucun revenu. Les gouvernements pourraient utiliser ces monnaies complémentaires pour payer les biens et les services des entreprises et des communautés qui l'acceptent. L'autre rôle essentiel que les gouvernements pourraient jouer, serait de définir les standards de qualité et de sécurité anti-fraude nécessaires pour que cette monnaie soit acceptable pour payer les taxes. Ces standards de qualité pourraient être développés et vérifiés par des initiatives privées, mais le gouvernement devrait déterminer auparavant laquelle de ces initiatives atteint le niveau de qualité et de sécurité satisfaisant.

Un dernier détail : il vaudrait mieux que ce soient des autorités fiscales locales (villes ou régions) qui soient les premières à appliquer cette stratégie. Ce seront ces autorités locales qui seront en première ligne pour résoudre les problèmes sociaux qui vont se multiplier à l'avenir et qui seront également les premières atteintes dans la réduction des revenus fiscaux. Il faudrait également leur donner le droit de choisir quelles monnaies complémentaires elles préfèreraient accepter. De cette façon, il serait recommandable de tester initialement cette stratégie à des échelles plus réduites, car si des problèmes inattendus se manifestaient, ils seraient contrôlables plus facilement qu'à l'échelle nationale.

Personnes actives dans le secteur des monnaies complémentaires

Ces acteurs ont été des pionniers. Maintenant, il faudra probablement s'attendre à ce que des initiatives de monnaies complémentaires se multiplient. Ce fut le cas pendant les années 1930, par exemple, aussi bien aux États-Unis qu'en Europe.

L'étape suivante sera de s'assurer que des standards de qualité et de sécurité soient appliqués et vérifiés de manière fiable. Car il faut s'attendre à ce que, parmi les initiatives de monnaies complémentaires qui vont apparaître, il y ait des systèmes inadéquats ou même frauduleux. C'est ce qui s'est passé avec certains des systèmes de *creditos* en Argentine, par exemple, lors de la crise monétaire et bancaire de 1999-2002. L'un des avantages que nous ayons actuellement, c'est que nous ne commençons pas à partir de zéro.

Les systèmes monétaires régionaux expérimentés en Europe jusqu'à présent – comme le mouvement des monnaies régionales dans les pays germanophones ou les SOL en France – ne devraient être considérés que comme des prototypes, imparfaits certes, mais néanmoins des précurseurs qui ont démontré qu'une telle approche est possible. Cependant, ils n'ont pas encore atteint une échelle suffisante pour faire face aux défis prévisibles dès à présent.

Nous suggérons donc aux groupes déjà actifs, par exemple en Allemagne et en France, de former le noyau d'un mouvement de monnaies régionales en Europe, en partageant les leçons de leurs expériences, et en invitant des innovateurs et des chercheurs d'autres pays à créer un réseau d'entraide mutuelle. Il y a trente ans, l'initiative de l'euro était, elle aussi, une décision franco-allemande. Les monnaies régionales semblent également s'être développées spontanément en parallèle en France et en Allemagne, même si chacune a choisi des chemins totalement différents. Nous croyons que la stratégie la plus appropriée pour la plupart de régions en Europe et dans le monde, est la solution mixte qui comprend la mobilisation par la base en même temps que l'appui politique par le haut. Une coopération franco-allemande dans le domaine des monnaies régionales serait donc une coalition particulièrement influente et crédible.

Nous proposons également que le label « regio », un terme qui, a son origine au cours de l'époque romaine, soit réservé comme un indicateur de qualité des principes de base d'une monnaie régionale. Les huit critères de qualité du Regio (définis au chapitre 5) garantissent une véritable démocratisation du concept de la monnaie elle-même, peut-être pour la première fois dans l'histoire, afin d'en faire un serviteur plutôt qu'un maître...

Sur le plan politique, l'introduction d'une monnaie régionale ouvre en effet une nouvelle voie, ni capitaliste, ni socialiste, mais qui tire parti des avantages de chacun de ces systèmes, dans lesquels l'argent servirait les hommes, et non pas l'inverse, et qui concilierait les impératifs de l'efficacité économique avec le respect de la justice sociale et de l'environnement.

L'objection d'inefficacité

Toute personne ayant étudié l'économie opposera une objection prévisible à notre proposition de laisser circuler plus d'une seule monnaie dans une économie. L'objection peut se résumer ainsi : comparativement à un monopole d'une monnaie nationale (ou d'une monnaie supranationale comme l'euro), plusieurs monnaies sont moins efficaces pour la formation des prix et des échanges.

Cette objection est logique. Cependant, nous avons maintenant la preuve qu'elle n'est pas valable lorsqu'on tient compte d'une récente découverte concernant les conditions de viabilité de systèmes complexes. L'origine de cette découverte surprendra sans doute la majorité des économistes et des financiers, mais pas nécessairement les scientifiques familiers des écosystèmes, de la thermodynamique, ou des théories de complexité ou d'information. En effet, cette découverte est le résultat de vingt-cinq ans de recherches quantitatives qui utilisent des modèles de réseaux sur des écosystèmes naturels. Ici nous ne pourrons fournir qu'une synthèse très brève de ces recherches. Nous recommandons aux lecteurs qui sont intéressés par une preuve formelle, de consulter les publications techniques appropriées. En voici l'essentiel. On a prouvé rigoureusement que la nature n'optimise pas l'efficacité dans un écosystème naturel, mais assure une balance optimale entre deux pôles : l'efficacité d'une part, et la résilience de l'autre. Ces deux phénomènes sont à leur tour fonction de deux variables structurelles : la diversité et le nombre d'interconnections. Mais ces deux pôles sont antagonistes. La résilience augmente avec la diversité et le nombre d'interconnections. En revanche, l'efficacité est améliorée quand on réduit la diversité et qu'on élimine les connections moins importantes. Toutes ces variables ont pu être quantifiées dans les écosystèmes naturels. De plus, on a pu constater que, dans tout écosystème durable, la résilience est presque deux fois plus importante que l'efficacité.

Il est probable que la question que certains se posent en lisant le paragraphe précédent soit : qu'est ce que tout cela a à voir avec nos systèmes monétaires et économiques ? Précisément, le grand avantage d'utiliser une approche de réseaux complexes, est que ces caractéristiques émergent de la *structure* même du réseau en question. Les conclusions restent donc valables quelle que soit la nature de ce qui se coule dans le réseau : cela peut être de la biomasse dans un écosystème, de l'information dans un système biologique, des électrons dans un réseau de distribution électrique, ou de la monnaie dans une économie.

Par exemple, on a optimisé pendant des décennies l'efficacité technique et économique des réseaux de distribution électrique. Et, tout à coup, les ingénieurs ont été très surpris lorsque des *blackouts* (des crash complets) se sont manifestés « venant de nulle part », dans plusieurs réseaux qui couvraient près de la moitié des États-Unis. Ce phénomène est une démonstration directe de ce qui se passe lorsqu'on pousse l'efficacité d'un système complexe au-delà de sa fenêtre de viabilité, en ignorant l'importance de la résilience.

La justification théorique classique en vue d'imposer un monopole d'une seule monnaie dans une économie nationale, est l'efficacité accrue de la formation des prix et des échanges. En 1955, Milton Friedman est allé encore plus loin : l'efficacité du système monétaire mondial serait accru en laissant les marchés déterminer la valeur de chaque monnaie, et en éliminant tous les contrôles de changes entre monnaies. Cette théorie a commencé à être appliquée à partir de 1971 lorsque le Président Nixon a introduit les marchés des monnaies flottantes, ce qui fut suivi par une dérégulation des marchés financiers à partir de l'administration Reagan aux États-Unis, et de Margaret Thatcher en Angleterre. Un marché de devises extraordinairement efficace s'est effectivement développé de façon explosive dans un tel environnement, atteignant en 2007 un volume de 3 200 milliards de dollars *par jour*[3].

3. Voir notamment l'article dans la publication "Peer reviewed" *Ecological Complexity*. Voir : Ulanowicz, R.E., Goerner, S.J., Lietaer, B. & Gomez, R. (2008). "Quantifying sustainability: Resilience, efficiency and the return of information theory". *Ecological Complexity* 2008). Cet article, ainsi que des mises à jour sur la stratégie proposée pour faire face à la crise financière est disponible sur le site www.lietaer.com

Les recherches sur les réseaux d'écosystèmes expliquent parfaitement pourquoi un système où l'efficacité a été poussée sans tenir compte de la résilience, est condamné à s'écrouler. Bref, exactement comme dans les réseaux électriques hyper-efficaces, notre système monétaire hyper-efficace est structurellement non durable, et était donc condamné à s'écrouler, comme il vient de le faire. Insistons : le problème est *structurel*. De meilleures régulations ou des gestionnaires de génie ne pourront au mieux que réduire la fréquence de crashs bancaires et monétaires, non pas les éliminer.

La solution structurelle est donc claire également : il faut augmenter la diversité de agents monétaires dans notre écosystème économique et augmenter les interconnections. Cela provoquera une réduction de l'efficacité. Mais ce que la nature nous apprend, c'est qu'un système complexe ne peut survivre que lorsque la diversité et l'interconnectivité ne sont pas indûment sacrifiées au nom de l'efficacité. Rappelons qu'avant le crash actuel, incontestablement le plus important de l'histoire, la Banque mondiale avait déjà compté depuis 1975 pas moins de quatre-vingt-seize autres crises bancaires, et cent soixante-seize crises monétaires. Combien de crises nous faudra-t-il endurer pour que nous nous inspirions de la nature dans ce domaine ?

Pour conclure, l'objection stipulant que l'introduction de monnaies complémentaires, régionales ou autres, rende le système monétaire moins efficace est valable. Mais c'est précisément un excès d'efficacité qui rend notre système financier structurellement si fragile. Et ce que nous proposons est un remède *structurel* face à cette fragilité…

Désormais, l'enjeu sera de faire passer les expériences de monnaies complémentaires à une échelle suffisante pour faire la différence face aux défis actuels, pour permettre une transition moins pénible vers un monde économique et social post-industriel, non seulement plus stable, mais aussi plus humain et plus juste. Peut-être la crise actuelle est-elle d'une ampleur suffisante pour faire admettre qu'il faut oser sortir des sentiers battus ? Nous ne prétendons pas que ce que nous proposons soit la seule solution, et encore moins une solution suffisante, mais nous sommes convaincus que les monnaies complémentaires devront faire partie d'une stratégie intégrale pour faire face aux besoins de notre temps.

Le rôle de l'euro

Créer l'euro pour remplacer une douzaine de monnaies nationales a été une initiative sans précédent historique, qui répondait à une obligation géopolitique et économique qui s'était imposée pendant les années 1970. Ce fut à l'origine une décision politique au sommet, entre le président français Giscard d'Estaing et le chancelier allemand Helmut Schmidt. Cette décision était nécessaire et a fourni une stabilité monétaire interne entre les pays européens que beaucoup de pays nous envient.

Cependant un danger existe : celui que l'euro devienne un carcan institutionnel. On commence à s'apercevoir dans plusieurs pays – aussi bien à gauche qu'à droite dans le spectre politique – que l'euro est ressenti comme antidémocratique et comme une contrainte budgétaire intolérable, au point d'évoquer une nostalgie pour les monnaies nationales.

Rappelons que l'ère post-industrielle imposera des changements structurels difficiles à prévoir, et encore plus difficiles à gérer. Dans un tel contexte, une stratégie de flexibilité, qui permettrait à de nouveaux acteurs d'explorer de nouvelles approches, d'expérimenter de nouvelles solutions décentralisées, serait la voie de l'avenir (voir chapitre 4).

Rappelons également l'essentiel de notre proposition en une seule phrase : les Européens seront en meilleure situation – en période de boom économique, et encore plus en cas de récession ou de dépression – avec l'euro et les regios, qu'ils ne l'ont jamais été avec leurs monnaies nationales. Une telle approche donnerait en effet plus de flexibilité économique et libérerait plus de créativité et de potentiel démocratique que n'importe quelle autre approche.

Il y a cependant un danger évident pour que cette stratégie soit ignorée ou rejetée *a priori* parce qu'elle paraît trop neuve, ou parce qu'elle ne cadre pas commodément dans l'orthodoxie monétaire d'aujourd'hui. L'ampleur de l'ignorance en la matière semble être totale : parmi les centaines de milliers de livres et de références, écrits dans toutes les langues, sur le développement des régions, qu'on peut trouver dans la bibliothèque du Conseil des régions à Bruxelles, on ne rencontre pas une seule référence où apparaissent les mots-clés « monnaies régionales » ! De plus, si jamais le phénomène Regio devenait suffisamment significatif pour instaurer une différence, on pourrait craindre l'incompréhension de la part des experts monétaires conventionnels et peut-être même une attaque de la part des banques centrales (voir chapitre 6).

Pourquoi ne pas s'inspirer du Japon et des banques centrales anglo-saxonnes, qui, eux au moins, sont ouverts aux expérimentations concernant des monnaies régionales ?

Différences entre l'euro et le regio

La préparation et le lancement de l'euro n'ont été possibles que par une intervention massive du monde politique dans le domaine monétaire, et ceci à chaque étape du processus. Il a fallu d'innombrables réunions politiques et techniques, à tous les niveaux, sur une période de plus de vingt ans, pour parvenir, d'abord, à faire converger les monnaies européennes dans l'ECU, pour faire basculer ensuite toutes les monnaies nationales en une seule nouvelle monnaie, et pour finir par remplacer en janvier 2000 tous les billets et pièces de monnaie par une monnaie uniforme chez plus de 300 millions de citoyens. Ce fut l'opération la plus complexe, la plus volontariste et la plus chère en ressources, dans l'histoire monétaire du continent. L'introduction de la monnaie unique dans douze pays simultanément fût, malgré tout, un succès technique, que peu de décideurs osaient espérer réalisable avec aussi peu d'incidents.

En contraste total avec le cas de l'euro, le lancement d'un mouvement de monnaies régionales ne demanderait au monde politique que de protéger un enfant qui essaye de naître spontanément. Les ressources nécessaires sont négligeables. Le service le plus important que le monde politique devrait fournir serait d'éviter que le processus soit bloqué par ignorance ou inadvertance. Car, comme toute innovation, ce mouvement est encore fragile et facilement incompris. Les véritables ennemis sont les habitudes de pensée dogmatiques et une tendance à une réglementation tatillonne qui interdiraient tout ce qui sort du cadre familier. La protection politique pourrait être alors bien nécessaire…

Rappelons qu'une monnaie régionale a comme rôle de connecter des besoins non satisfaits en euros avec les ressources sous-utilisées de la région. La monnaie régionale n'a donc pas vocation à remplacer l'euro qui continuera à couvrir la grande majorité des échanges. Une monnaie régionale a comme vocation de compléter l'euro, pas de le remplacer. C'est pourquoi nous ne l'appelons pas une monnaie alternative, mais une monnaie complémentaire.

Afin de mettre en évidence les différences fondamentales entre l'euro et les monnaies régionales, insistons sur les points suivants :

– Il ne s'agit pas d'une monnaie officielle, son utilisation n'a donc rien d'obligatoire, tout repose sur la bonne volonté de chacun pour l'accepter ou la refuser.

– Son champ de validité est, volontairement, conçu pour privilégier fonctionnellement ou géographiquement à une région avec laquelle les gens entretiennent une relation particulière, ce qui les rend disposés à faire un effort particulier – au-delà du calcul strictement économique – pour en bénéficier.

– Les monnaies régionales ne génèrent pas d'intérêt.

Ces caractéristiques font des monnaies régionales un pur outil d'échange qui, en circulant, provoque des contacts au niveau local et régional qui, autrement, n'auraient pas lieu. Nous retrouvons ici le rôle des monnaies régionales médiévales (chapitre 3). Le but recherché est de motiver les usagers à l'utiliser comme pur instrument d'échange. Et c'est bien le résultat obtenu dans le cas des regios germanophones, par exemple.

Rappelons également les nouvelles possibilités qu'une telle innovation permet et qui s'ajoutent à toute action facilitée par l'utilisation de l'euro. En effet, les monnaies régionales permettent de :

– mobiliser les ressources régionales sous-utilisées afin de faire mieux correspondre l'offre régionale et la demande régionale ;

– réduire le chômage dans une région ou une localité ciblée ;

– renforcer le pouvoir d'achat dans la région ;

– mettre à la disposition des autorités régionales et communales de nouveaux types de moyens financiers leur permettant d'assumer plus facilement leurs différentes fonctions, sans devoir nécessairement faire appel à des nouvelles taxes ou des financements centralisés ;

– enfin, et c'est peut-être le plus important, notre proposition permet de rendre force et vigueur à la dimension humaine dans les domaines de l'économie et des monnaies.

Vision et réalité

L'idée d'une Europe des régions exerce une certaine fascination sur bien des gens. Une des raisons est que l'économie régionale pourrait devenir un pôle de développement qui équilibre la globalisation telle qu'elle est généralement comprise et appliquée aujourd'hui. En effet, beaucoup d'entre nous la vivent, non seulement comme une perte de marges de manœuvre, mais aussi comme l'impuissance du citoyen et du politique face aux décisions de quelques grands acteurs mondiaux et comme une démission face aux aléas du système financier mondial. La mobilité globale du capital, qui a transformé le monde en un espace économique unique, n'est pas neutre, loin s'en faut : elle fait partie du mécanisme qui accentue l'inégalité dans les revenus et dans l'accès aux ressources de la planète. C'est un point qui, malheureusement, n'avait pas été vu par les rédacteurs du premier rapport du Club de Rome qui ouvrait en 1972 le débat sur le développement durable [4]. Dans cette étude, Dennis L. Meadows ne voyait en la monnaie qu'un instrument comptable neutre, sans influence, positive ou négative, sur le développement durable. Un rapport plus récent du Club de Rome identifie clairement l'importance de l'introduction de monnaies complémentaires locales ou régionales pour le développement durable [5]. Les monnaies régionales offrent les solutions de demain [6] aux problèmes d'aujourd'hui.

En effet, introduire des monnaies régionales n'enlève rien à la capacité des centres économiques globaux de continuer de créer de la richesse, dans la mesure où ils en sont capables. Cependant, une telle stratégie permet aux autres régions, actuellement marginalisées, d'éviter que l'écart de revenus avec ces centres se creuse sans cesse. L'introduction de monnaies régionales peut donc devenir un des moyens les plus efficaces pour instaurer un nouvel équilibre dans l'ordre économique mondial.

Utilisons comme métaphore celle d'une course de chevaux où chaque région du monde est représentée par un cheval. Le style de globalisation que nous avons connu jusqu'à présent favorise certains pays, et dans chaque pays, quelques régions, qui attirent vers elles la grande majorité des flux financiers mondiaux alimentés par les monnaies conventionnelles. Cette dynamique est

4. Meadows (D.), *Halte à la Croissance !* version française du livre *Limits to Growth*.
5. Brunnhuber (S.), Klimenta (H.), *Wie wir wirtschaften werden – Szenarien und Gestaltungsmöglichkeiten zukunftsfähiger Finanzmärkte*, Francfort, 2003.
6. Voir Robertson (J.), "The Role of Money and Finance – Changing a central Part of the Problem into a central Part of the Solution", papier présenté à l'occasion de la conference *The Economics of the Noble Path*, Pio Manzu International Research Centre, Rimini, 18-20 octobre 2003.

logique dans un contexte financier où seuls fonctionnent des monopoles de monnaies centralisatrices : l'optimisation de l'allocation des ressources financières se fait en effet à présent à l'échelle mondiale. Cela laisse les autres pays ou régions dans un peloton loin en arrière, avec une très longue file où certains sont même en train de reculer en sens contraire de la course ! L'introduction de monnaies régionales ne ralentira pas d'un pas les chevaux de tête (puisque les flux financiers en monnaie conventionnelle pourraient continuer à fonctionner) mais permettra à tous les autres de ne plus se laisser systématiquement distancer sans recours possible.

Plutôt que de devoir prendre en bloc la globalisation comme s'il s'agissait d'un package dont il faudrait accepter tous les avantages et tous les inconvénients, les régions peuvent mieux utiliser leur potentiel de manière à concrétiser des changements au bénéfice direct de leurs habitants en utilisant des ressources qui, actuellement, restent sous-utilisées dans l'économie des monnaies conventionnelles. De toute façon, une région qui régresse ou s'effondre économiquement ne le fait pas sans inconvénients pour le reste de la planète et ne fait qu'exporter ses problèmes ailleurs, sous forme d'immigrations massives (légales ou non), et de frustrations croissantes qui – si personne ne s'en occupe – finissent par prendre des formes de violence ou de terrorisme…

Quelques propositions pour l'avenir

Le temps est venu d'accorder à ces innovations financières le soutien qu'elles méritent et de les aider à se mettre en œuvre, comme on le fait déjà au Japon (chapitre 8). Il est nécessaire de faire en sorte que puissent se rencontrer la motivation des initiateurs de projets, la volonté et le soutien des décideurs politiques et des participants et la bienveillance d'une banque centrale qui, pourquoi pas, soutiendrait et protégerait l'expérience tout en la surveillant avec prudence, ainsi que la curiosité de chercheurs intéressés par une telle innovation monétaire.

Il y a peut-être ici aussi un terrain d'action pour le Comité des régions de l'Union européenne, qui est le garant du principe de subsidiarité en Europe et joue le rôle de courroie de transmission entre les intérêts des régions et les différentes institutions européennes.

Les arguments développés dans ce livre ne sont proposés que comme point de départ pour une réflexion technique, sociale et politique sur le thème de la monnaie et son rôle dans la société d'aujourd'hui et du futur. Les différents acquis d'expérience sur les monnaies complémentaires déjà disponibles restent, selon nous, la principale matière de la réflexion à engager. Un exemple concret est plus riche d'enseignements qu'une centaine d'ouvrages et d'essais théoriques. C'est pourquoi les véritables héros de notre temps sont ceux qui expérimentent avec de nouvelles idées, qui bousculent l'indifférence, les préjugés, les habitudes et les clichés, qui provoquent les changements nécessaires dans notre monde pour éliminer la misère et la détresse qui nous entourent. Ces héros sont aussi ceux qui, toujours prêts à se remettre en question, acceptent la critique et écoutent les arguments des autres. C'est ceux-là que nous souhaitons interpeller aujourd'hui.

L'heure est venue de faire appel à notre capacité de créativité humaine individuelle et collective, à relever les défis de notre temps comme d'autres générations l'ont fait aux périodes charnières de notre évolution, de développer les leviers de commande d'une autre ère et d'ouvrir toute une nouvelle gamme de possibilités à peine explorées à ce jour. La mutation sociale, économique et monétaire dont nous parlons est déjà en cours. Nous avons tous une infinité de choses à apprendre. Nous offrons le présent travail comme une modeste contribution à un échange de vues pour explorer de nouvelles possibilités et faire face aux défis de notre temps. Car, la seule certitude que nous ayons à ce stade, c'est que des solutions novatrices sont indispensables au futur épanouissement de notre planète.

Inspirons-nous des expériences des anciens, dont l'anthropologue William S. Desmonde avait finement saisi les enjeux : « La monnaie symbolisait la réciprocité entre les gens, ce qui les connectait émotionnellement avec leur communauté. La monnaie était à l'origine un symbole de leur âme [7]. »

Bruxelles et Steyerberg. Automne 2008

7. Bank of International Settlements (BIS) *Triennial Central Bank Survey of Foreign Exchange and Derivatives Market Activity 2007 - Final Results.* Washington, DC.

ANNEXE
Esquisse d'une typologie des monnaies

L'idée de ce texte est de clarifier un certain nombre de notions : le processus de création monétaire étant probablement abstrait pour bien des lecteurs, il peut être utile de définir certains paramètres et repères. L'idée est aussi de proposer au lecteur une typologie aussi exhaustive que possible des différents types de monnaie, qu'il s'agisse de monnaies conventionnelles ou de monnaies complémentaires, et qu'il s'agisse de monnaies déjà existantes ou de systèmes monétaires en phase d'expérimentation. Cette typologie nous permettra de nous repérer dans le foisonnement des innovations monétaires actuelles, et de souligner ce qui les rapproche ou les distingue d'autres types de monnaies. Insistons sur le fait que ceci est une première tentative de typologie et non une liste de recommandations.

Notre description d'une monnaie doit tenir compte de cinq caractéristiques : son objectif, sa forme, sa fonction, la manière dont elle est créée et son mode de financement. Ces cinq critères, que nous utiliserons ici, constitueront une base de comparaison utile, et nous permettront d'identifier les avantages et les inconvénients propres à chaque type de monnaie.

Pas de typologie des monnaies sans une définition préalable de ce que nous considérons comme monnaie. Nous utiliserons ici une définition très large, à savoir : « tout moyen d'échange standardisé généralement accepté au sein d'une communauté ». Tout instrument utilisé – ou susceptible d'être utilisé – pour l'organisation de l'échange au sein d'une communauté sera donc considéré potentiellement comme une forme de monnaie.

Ce panorama de la diversité monétaire sera utile à tous les inventeurs de monnaies complémentaires. Il leur permettra d'identifier les variantes monétaires les plus pertinentes, de comprendre ce qui fonctionne et ce qui ne fonctionne pas, de voir ce qui a déjà été expérimenté, ce qui ne l'a jamais été, mais mériterait de l'être. Il y a là de quoi stimuler leur imagination, tout en leur donnant des références.

1. Typologie des monnaies en fonction de leurs objectifs

Il n'existe pas de monnaie idéale : cela vaut pour les monnaies conventionelles, complémentaires ou régionales. Il faut bien comprendre que chaque type de monnaie présente des avantages et des inconvénients. La configuration optimale d'une monnaie dépend avant tout des objectifs qu'on lui assigne et du contexte dans lequel elle doit être opérationnelle, c'est-à-dire des conditions dans lesquelles elle sera utilisée. Les objectifs d'un système monétaire sont en grande partie déterminés par le contexte, c'est-à-dire les problèmes que le système doit gérer, la fonction sociale que devra remplir la monnaie, et les gens qui vont l'utiliser.

La monnaie comme moyen de paiement légal

La monnaie légale est celle qui est désignée par la loi comme le moyen de paiement officiel. Elle est en principe la seule acceptée par le gouvernement pour le paiement des impôts et des taxes, et doit être acceptée par tous[1]. C'est la raison pour laquelle les billets

1. Knapp (G.F.), *Zur Staatlichen Theorie des Geldes*, Bâle, 1958. Voir aussi : Wray (R.), *Understanding Modern Money*, Cheltenham, 1998.

américains portent cette mention : « Ce billet a valeur de moyen de paiement légal pour les obligations publiques et privées ». Cela veut dire en clair que lorsque l'on doit de l'argent à quelqu'un, cette personne ne peut pas refuser que cette somme lui soit rendue en monnaie légale : si elle le refuse, elle devient responsable du non-remboursement de la somme qu'on lui doit. Et cette responsabilité est passible de poursuites judiciaires. S'agissant de la perception des impôts, la monnaie légale est en principe la seule acceptée par le trésor public. Il y a eu dans l'Histoire quelques exceptions confirmant la règle : par exemple, après l'effondrement du rouble, en 1998, certaines entreprises russes ont été autorisées à payer leurs impôts en matières premières, comme le charbon et le cuivre.

Les monnaies destinées à faciliter les relations commerciales

Il existe un grand nombre de monnaies non-conventionnelles destinées à faciliter l'échange des biens et des services. Il y en a quatre types :

- Les monnaies B2B (*Business to Business*), facilitant les échanges entre plusieurs entreprises ;
- Les monnaies B2C (*Business to Customer*), facilitant les échanges entre les entreprises et leurs clients ;
- Les monnaies C2C (*Customer to Customer*), facilitant les échanges entre les clients d'une même entreprise ;
- Les monnaies C2B (*Customer to Business*), facilitant les échanges entre les clients et les entreprises.

Ces monnaies existent le plus souvent sous forme électronique et s'inscrivent dans la recherche de réduction des coûts rendue possible par les progrès de l'informatique.

• *Les monnaies B2B et les échanges entre les entreprises* : ces systèmes monétaires visent à faciliter les échanges de biens et de services entre entreprises, notamment dans le cadre de relations de sous-traitance. Les *commercial barter currencies* tombent dans cette catégorie : ces systèmes utilisent une unité de compte interne. À l'heure où nous écrivons ce livre, il existe 700 systèmes de ce type aux États-Unis, auxquels participent un peu plus de 500 000 entreprises. Ces systèmes dépendent de deux organismes de tutelle : l'IRTA (International Reciprocal Trade Association) et le CBC (Corporate Barter Council).

• *Les monnaies B2C et les échanges entre les entreprises et leurs clients* : la fidélisation du client est l'objectif poursuivi par le plus grand nombre de monnaies complémentaires commerciales. L'entreprise incite à la consommation et installe une relation de fournisseur à client en mettant en circulation une forme de monnaie qui permet d'obtenir un cadeau ou une réduction : en général, le consommateur achète plus pour réunir les points nécessaires, ce faisant, il devient un client plus fidèle. Les « miles » émis par les compagnies aériennes sont l'exemple le plus connu de ces sortes de monnaies destinées à fidéliser le client. Les points et les bons de réduction que l'on peut collectionner, sur les paquets de céréales par exemple, et échanger contre un cadeau ou tout autre produit, en sont un exemple plus ancien. Ces systèmes fonctionnent aujourd'hui pour la plupart avec une carte de fidélité. L'exemple de la chaîne de supermarchés Tesco en Grande-Bretagne en illustre bien l'efficacité : en combinant les réductions proposées à ses clients à des systèmes de monnaies complémentaires et de cartes de fidélité, cette chaîne de supermarchés est devenue la plus importante du pays. Un foyer britannique sur trois possède aujourd'hui une carte Tesco.

• *Les monnaies C2C et les échanges entre les clients d'une même entreprise ou d'un groupe d'entreprises* : D'une certaine manière, les chéquiers émis par les banques, et les possibilités de virement bancaire qu'elles leur offrent, peuvent être considérés comme des instruments monétaires destinés à faciliter les relations d'échange entre clients des banques. En dehors du secteur bancaire, on peut mentionner ici le principe du « Paypal » sur lequel se fonde toute la stratégie de l'entreprise eBay.

• *Les monnaies C2B et les échanges entre les clients et l'entreprise* : dans ce domaine, la Fondation hollandaise Strohalm est à l'origine d'une innovation intéressante : le système "Consumer and Commerce Circuit" (C3). Tout le système repose sur un serveur internet, et quelques règles de base qui assurent son bon fonctionnement. Le consommateur va sur le site et y achète des points : il paie pour cela en monnaie conventionnelle, et reçoit à chaque fois une prime, dont le montant peut aller jusque 10 % de la somme engagée. Ces points lui permettent d'acheter toute une gamme de biens et de services proposés par les entreprises associées au réseau C3. Les entreprises peuvent conserver ces points si elles le souhaitent, et les utiliser pour effectuer des transactions avec les autres entreprises du réseau, mais elles peuvent aussi demander à les changer contre des euros, auquel cas elles doivent payer des frais de change. Grâce à ce système, les entreprises gagnent de nouveaux clients, avec lesquels elles tissent des relations assez privilégiées. Les flux monétaires du système sont gérés par une banque locale, et l'argent qui n'est pas utilisé peut être accordé sous forme de prêts sans intérêt aux entreprises du réseau, ce qui peut leur permettre de financer certains petits investissements. Les clients du réseau reçoivent de nombreuses réductions et ont droit de regard sur la manière dont l'argent est investi : en effet, il s'agit d'un système paritaire où clients et entreprises ont les mêmes droits. Compte tenu des avantages proposés par le système, on devine aisément que les clients sont majoritaires. Le réseau C3 est une véritable innovation financière qui donne au client un rôle décisif.

Il existe bien entendu une grande variété de systèmes monétaires combinant plusieurs caractéristiques des systèmes que nous venons de présenter. Dans le réseau WIR en Suisse, comme dans le système WAT, au Japon, on trouve des monnaies émises par les entreprises et directement utilisables par les particuliers.

Les monnaies à vocation sociale

La plupart des monnaies à vocation sociale ont souvent une mission bien définie : elles contribuent à la résolution d'un problème bien particulier, qu'il s'agisse de l'isolement des personnes âgées ou du chômage.

• *Aide aux personnes âgées* : C'est dans le domaine de l'aide aux personnes âgées que sont apparues les toutes premières monnaies complémentaires de l'après-guerre au Japon : dans les années 1950, des femmes, comme Teruko Mizushima, ont cherché à améliorer les conditions d'assistance aux personnes les plus fragiles de la société japonaise de l'immédiat après-guerre. En 1978, Teruko Mizushima, dont il est question de façon plus détaillée dans le chapitre 8 de ce livre, a fondé la "Volunteer Labor Bank", c'est-à-dire une banque du travail bénévole dont l'idée a été reprise dans d'autres pays comme les États-Unis et la Grande-Bretagne, avec les banques du temps (Time Banks). Il existe au Japon une autre monnaie complémentaire à vocation sociale : le système Fureai-Kippu.

• *Retraites* : les maisons de retraite ont été l'un des tout premiers champs d'application du Time-dollar, aux États-Unis. L'idée était de donner aux pensionnaires de ces établissements la possibilité d'organiser leur emploi du temps et d'être plus autonomes. L'introduction de cette monnaie complémentaire était également censée améliorer la socialisation des pensionnaires des maisons de retraite.

• *Chômage* : lorsque les premiers systèmes LETS se sont développés au Canada, en 1982, l'objectif était simple : augmenter le volume des liquidités en circulation dans les régions à chômage élevé. Aujourd'hui encore, après plus de vingt ans d'expérience, on note que les systèmes LETS sont particulièrement présents dans les régions où le chômage est important.

• *Éducation*: Un système de monnaie complémentaire qui fut conçu initialement pour le Brésil sous le nom de Saber (« savoir » en Portugais) tombe également dans cette catégorie. Il est conçu avec deux objectifs : augmenter les connaissances de façon substantielle dans la société, tout en permettant à davantage de jeunes de payer eux-mêmes le coût de leurs études universitaires. Le point de départ est la « pyramide d'apprentissage[2] » dont la validité est assurée par un grand nombre d'études dans les années 1980. Cette pyramide montre la quantité de connaissances que l'on retient à long terme, et qui dépend de la procédure par laquelle on a été mis en contact avec la matière en question. Par exemple, seul 5 % en moyenne de ce qui est enseigné lors d'une conférence orale est retenue. Cette moyenne devient 10 % en cas d'une lecture personnelle. Mais elle monte à 50 % lorsque la matière est le thème d'une discussion en groupe ; et à 90 % si quelqu'un enseigne lui-même la matière à quelqu'un d'autre ! Cette pyramide démontre que les méthodes scolaires normales utilisent en majorité les deux procédures les moins efficaces pour la mémorisation. Le Saber fait exactement l'inverse. Son but est de créer des « chaînes d'apprentissage », une chaîne de relations de mentors entre étudiants de sept à dix-huit ans, pour mieux apprendre les matières qui les intéressent le plus. Ou, pourquoi pas, n'importe quel sujet que les deux parties avaient envie d'apprendre : jouer de la guitare, faire de la voile, reconnaître les champignons des bois. Une variation sur ce modèle serait un système intergénérationnel où certains mentors seraient des personnes adultes ou âgées. L'espace des possibilités est infini !

Techniquement, un Saber vaut une unité de monnaie nationale acceptée comme minerval pour des études universitaires. Mais plutôt que de les donner à des étudiants de dix-huit ans qui vont à l'université (comme les « bourses d'études » habituelles), ces *Sabers* sont donnés à des enfants de sept ans qui commencent leurs études primaires, à condition qu'ils se choisissent un plusieurs

2. Voir http://www.cofc.edu/bellsandwhistles/research/retentionmodel.html and http://www.know.org/

mentors dans une classe supérieure (par exemple de neuf ou dix ans). Ce mentor est payé en Sabers, et lui-même se choisit un mentor de douze ou treize ans, et ainsi de suite jusqu'à l'étudiant qui veut entrer à l'université. Ce dernier paye alors l'université avec cette monnaie complémentaire. Le ministère de l'Éducation rachète aux universités les Sabers ainsi reçus en monnaie nationale conventionnelle à un tarif fixé d'avance.
Comparativement à une bourse d'études classique, cette approche augmente la quantité de connaissances accumulée d'un facteur d'au moins 50. En effet, chaque fois que cette monnaie s'échange, il y a un mentor qui va retenir dix fois plus ce qu'il a enseigné, comparativement au schéma habituel. Si l'échange se fait cinq fois entre le débutant de sept ans et l'étudiant universitaire, un budget donné du ministère de l'éducation aura généré cinquante fois plus de connaissances acquises que le système de bourses conventionnel. Plus de détails ont été publiés dans un périodique spécialisé [3].

• *Monnaie de santé* (Wellness Token) : Une monnaie de santé a comme objectif de changer des habitudes malsaines et encourager l'usage de traitements préventifs. L'idée est de créer un circuit économique qui privilégie ces deux activités. On fonde une institution de bien public, une « alliance de santé » qui jouera pour la monnaie de santé le rôle que les alliances de lignes d'aviation jouent pour les Miles de fidélisation. Cette alliance de santé est financée par les institutions qui ont un intérêt économique à ce que la population soit saine (par les organisations qui devront payer pour les soins médicaux des personnes lorsqu'elles tombent malades).

Prenons comme exemple un programme pour résoudre un problème bien connu : l'obésité. Un quart des Américains sont considérés comme obèses. On sait aussi que les encouragements d'un groupe de support est très important pour réussir un programme de perte de poids. L'alliance de santé passe un accord

3. Voir Lietaer (B) "Proposal for a Brazilian Education Complementary Currency" dans *International Journal for Community Currencies* http://www.le.ac.uk/ulmc/ijccr

avec un groupe d'une demi-douzaine de gens qui ont décidé de perdre du poids ensemble. Pour chaque kilo de perdu individuellement, on gagne dix points, et si le groupe atteint et maintient son objectif de perte de poids de groupe, on double les points de tous ses membres, ce qui motive chacun à encourager tous les autres membres. Ces points sont acceptés en paiement partiel dans les commerces de nourriture saine, et par les spécialistes en traitements préventifs. Ces commerces peuvent à leur tour utiliser ces points pour que leurs employés participent au programme, ou les encaisser auprès de l'alliance de santé contre de la monnaie nationale à un tarif qui reflète la valeur du service en termes de réduction des risques médicaux. Par exemple, perdre cinq kilos réduit la probabilité d'une crise cardiaque de x %. Ce processus permet de calculer la valeur en monnaie nationale d'une telle réduction pour la compagnie d'assurance qui fait partie de l'alliance de santé. Ainsi, un système dans lequel toutes les parties seraient gagnantes peut être construit[4].

• *Babysitting*: il existe dans de nombreux pays des associations de parents qui s'organisent et s'entraident pour la garde de leurs enfants. Aux Pays-Bas, un système intéressant s'est développé grâce à internet et qui utilise un système de monnaie complémentaire: l'idée est d'aider un peu plus de deux millions de familles à conduire leurs enfants au jardin d'enfants ou à l'école, et de les faire garder en cas d'empêchement.

• *Amélioration des relations sociales*: quand les monnaies complémentaires à vocation sociale sont introduites ailleurs que dans les régions déprimées économiquement, l'idée est bien souvent de densifier et d'améliorer les relations de voisinage. Plusieurs systèmes complémentaires comme le Time Dollar, LETS ou Ithaca Hours ont fait preuve de leur utilité dans ce domaine. L'organisation sociale de Bali, centrée sur l'institution du banjar comme on le voit dans le chapitre 2, est un autre exemple de système utilisant une forme de monnaie complémentaire donnant

4. Pour plus de détails, voir Lietaer (B) et Belgin (S) *Of Human Wealth: New Currencies for a New World* (Citerra Press, 2009).

une certaine consistance aux relations sociales dans une communauté donnée.

• *Identité culturelle* : bien des monnaies complémentaires ont été introduites en vue de renforcer la cohésion sociale et l'identité culturelle d'une communauté ou d'une région. Sur le logo du réseau Ithaca Hours, on peut ainsi lire : « Nous avons confiance en Ithaca ». Un tel slogan est de nature à renforcer le sentiment d'appartenance au groupe. Lorsqu'une monnaie complémentaire est émise sur papier, sous forme de coupons ou de billets, on trouve bien souvent sur ces coupons une évocation des principales caractéristiques identitaires régionales : un monument, ou la représentation d'un événement historique important pour la région. Utiliser ce type de monnaies complémentaires n'est pas neutre pour l'individu, qui peut y trouver des éléments d'identification assez puissants.

• *Écologie* : curieusement, à l'heure où nous écrivons ce livre, peu de systèmes monétaires complémentaires se donnent pour objectif la diffusion des comportements écologiquement responsables. L'un des rares exemples a été essayé à Rotterdam : il s'agit d'un système monétaire fonctionnant à l'aide de cartes à puce et destiné à promouvoir l'utilisation des transports en commun, du vélo ou l'achat d'appareils respectueux de l'environnement. Le principe consiste à créditer sa carte avec des points, qui permettent de bénéficier de réductions sur certains achats respectueux de l'environnement. Ce projet a été interrompu lors d'un changement politique. Au Japon, à Shibuya, il existe également le système Earthday-Money, qui a été introduit par une firme publicitaire, avec un succès tout relatif : l'idée était également de récompenser les comportements respectueux de l'environnement avec des réductions et d'autres avantages. Bien que le Japon soit un véritable laboratoire d'expérimentation pour les monnaies complémentaires, il est édifiant de noter que bien peu d'entre elles ont vocation à encourager les comportements respectueux de l'environnement. On trouve des exemples de monnaies complémentaires à vocation écologique dans la ville brésilienne de

Curitiba, dont il est question dans le chapitre 2 de cet ouvrage. Il y existe un système intéressant qui consiste à récompenser le tri sélectif des ordures dans les quartiers les plus démunis de la ville en donnant des tickets de bus, et qui a permis à la municipalité de régler à la fois les problèmes d'hygiène posés par l'amoncellement des ordures, et les problèmes de circulation. L'équipe municipale a également introduit un système astucieux de monnaie complémentaire dans le cadre de l'attribution des permis de construire. Au lieu d'interdire de manière stricte la construction de bâtiments plus haut que ce qui est normalement prévu dans le plan d'urbanisme, la municipalité a introduit une certaine souplesse en accordant des dérogations. Ces dérogations s'obtenaient en contribuant à payer pour des espaces verts. Il en résulte un tissu urbain plus dense et bien équilibré dans lequel de nombreux terrains restent disponibles. Cette mesure, qui complète les mesures d'incitations au tri sélectif et à l'utilisation des transports en commun dont il vient d'être question, a considérablement amélioré la qualité de vie et de l'air dans la ville de Curitiba. Ce n'est pas un hasard si cette ville s'est vue décerner en 1992 le titre de capitale écologique mondiale. Et les systèmes complémentaires introduits par la municipalité n'y sont pas étrangers.

• *Autres objectifs sociaux* : il serait trop long de dresser ici la liste de toutes les missions de nature sociale qui peuvent être assignées à une monnaie complémentaire. La diversité de ces possibilités est d'ailleurs telle qu'on parle souvent de monnaies sociales (*social money*) pour les décrire, tant la vocation sociale est associée aux monnaies complémentaires. En tout état de cause, la liste que nous venons de dresser se limite aux seules expériences déjà réalisées, et ne prétend pas épuiser le champ des possibles dans ce domaine.

2. Classification des monnaies en fonction de leur forme

Le lecteur comprendra aisément les différentes formes que peut prendre une monnaie, puisqu'il les a souvent toutes utilisées à un moment ou à un autre. En effet, comme nous allons le voir, les monnaies conventionnelles que nous utilisons aujourd'hui prennent une grande variété de formes, assez représentatives du champ des possibles dans ce domaine.

• *Les marchandises* : c'est la forme monétaire la plus ancienne, qui consiste à utiliser les biens comme moyen d'échange direct. Ainsi, à différentes époques, le sel, les œufs, le bétail, les étoffes ou différents objets manufacturés ont été utilisés comme monnaie. Il n'y a pas si longtemps, pendant la Seconde Guerre mondiale, différents produits – on pense notamment aux cigarettes, mais pas seulement – ont été utilisés comme monnaie dans les camps ou dans les périodes de pénurie. Aujourd'hui encore, le charbon est utilisé comme monnaie complémentaire dans la ville d'Osaka : nous en avons parlé dans le chapitre 7 de cet ouvrage.

• *La monnaie-papier et les pièces* : c'est la forme de monnaie qui nous est la plus familière. Elle nous est si familière que la plupart des monnaies complémentaires sont amenées à circuler sous la forme de billets : ils sont pratiques à manipuler, peuvent être fiables, et leur coût de fabrication est peu élevé.

• *La monnaie électronique* : cette forme de monnaie se développe de plus en plus, du fait de la virtualisation de l'argent. Elle suppose l'existence de comptes électroniques, de cartes à puce pour effectuer les paiements et d'une gestion centrale informatisée qui gère les flux monétaires. Aujourd'hui, plus de 90 % de l'argent en circulation n'existe que sous la forme d'inscriptions électroniques. Beaucoup de monnaies complémentaires, bien que prenant souvent la forme de billets ou de bons, fonctionnent également sous forme électronique.

• *Formes combinées* : la combinaison de deux ou trois de ces formes permet d'augmenter considérablement la souplesse et la flexibilité du système monétaire. D'une façon générale, si l'on considère l'histoire monétaire, on se rend compte que les formes monétaires ont évolué, sont devenues plus pratiques, plus maniables, afin de faciliter les échanges. Au début l'argent avait une valeur physique : on utilisait, par exemple, des pièces de métal précieux. Mais il s'est rapidement avéré qu'il était plus simple et plus sûr de ne transporter que des documents garantissant le paiement d'une certaine somme : les chèques et les billets ont fait leur apparition. Aujourd'hui encore, il est intéressant de noter que les billets britanniques d'une livre sterling portent cette inscription : « Je suis redevable au propriétaire de ce billet de la somme d'une livre ». Une étape supplémentaire dans cette évolution a été la virtualisation de la monnaie, qui lui permet de circuler encore plus facilement, là du moins où les moyens technologiques le permettent. C'est en raison de ces difficultés techniques résiduelles que les monnaies conventionnelles continuent d'exister sous différentes formes.

Chacune de ces différentes formes monétaires a ses avantages et ses inconvénients. Le troc, qui consiste à utiliser les biens pour organiser directement l'échange, est simple puisqu'il ne nécessite pas d'infrastructure sociale ou juridique particulière. C'est la raison pour laquelle on le voit souvent ressurgir dans les situations de crises extrêmes, de désorganisation sociale ou de chaos. Cette forme de monnaie présente également cet avantage d'être très sûre : même si l'on peut être trompé sur la marchandise, les risques de falsification sont réduits. Mais selon les formes qu'elle prend, cette monnaie peut s'avérer peu pratique et peu maniable. Il existe également des systèmes proches du troc qui, au lieu d'utiliser directement les biens, utilisent les services ou les talents comme seule monnaie d'échange. Ces systèmes, qui connaissent un certain succès, ne nécessitent pour leur fonctionnement qu'un ordinateur ou un serveur internet, gérés par un administrateur.

Les personnes qui souhaitent échanger prennent contact avec la centrale par téléphone ou par e-mail, l'administrateur organise la rencontre de l'offre et de la demande de services. Ce mode de fonctionnement est donc relativement souple, mais cela suppose que tous possèdent un ordinateur connecté à internet. De plus, un tel système ne permet pas une organisation instantanée de l'échange comme c'est le cas lorsque l'on échange directement les biens : il faut passer par une centrale. Enfin, un tel mode de fonctionnement, du moins sur le court terme, ne peut pas vraiment garantir la qualité des services proposés. La monnaie-papier, contrairement aux monnaies utilisées dans les systèmes de troc, est très maniable, et reconnaissable partout. Son coût de fabrication est en outre peu élevé. Le principal inconvénient de cette forme de monnaie est qu'elle est très exposée aux falsifications, d'autant plus qu'aujourd'hui, il est facile d'accéder à des moyens de reproduction performants. C'est un problème auquel les monnaies complémentaires peuvent également être exposées, surtout si elles connaissent un certain succès. Les monnaies complémentaires électroniques, c'est-à-dire ne fonctionnant que par le biais de cartes à puce, comme le SOL, requiert le développement d'une infrastructure technique coûteuse. Idéalement, pour éviter ces coûts, il faudrait que les monnaies complémentaires s'associent à des systèmes électroniques déjà existants.

Au-delà de ces avantages et de ces inconvénients, il est évident que plus une monnaie prendra de formes différentes, plus elle sera pratique pour ses usagers, et donc facilement adoptée. Il est cependant important de ne pas négliger la question de la sécurité de la monnaie : si la combinaison de différentes formes de monnaies permet d'équilibrer les avantages et les inconvénients de chaque forme de monnaie, la mise en circulation de billets facilement falsifiables peut présenter un risque pour l'ensemble du système monétaire.

3. Classification des monnaies selon leur fonction

Selon la théorie économique classique, la monnaie remplit trois fonctions principales : celle d'unité de compte, de moyen d'échange et de réserve de valeur. Si l'on se penche sur l'histoire monétaire, on s'aperçoit rapidement que dans la plupart des sociétés, ces fonctions étaient remplies par des monnaies différentes. Ainsi, très souvent, la fonction de moyen d'échange était assurée par une autre monnaie que la fonction de réserve de valeur.

Dans l'Antiquité, le bétail était une réserve de valeur importante. Ainsi, Homère, dans l'Odyssée, parle souvent de bœufs quand il veut rendre compte de la valeur d'une chose. Les échanges s'effectuaient avec différents outils, plus pratiques et plus maniables que le bétail, comme des lingots d'or, d'argent ou de bronze. Plus tard, on a utilisé des pièces de monnaie.

De fait, on voit qu'il est possible de classer les monnaies suivant leur fonction.

La monnaie comme moyen de paiement généralement accepté

La monnaie comme moyen de paiement généralement accepté remplit les trois fonctions classiques de la monnaie : elle est à la fois unité de compte, moyen de paiement et réserve de valeur. Aujourd'hui, la plupart des monnaies remplissent ces trois fonctions. Il existe cependant entre elles une forme d'incompatibilité essentielle. Par exemple, lorsque l'on met de l'argent qui a une forme physique de côté, on prive les autres de la possibilité de l'utiliser comme moyen d'échange. C'est pour cette raison que, dans l'Histoire, ces deux fonctions ont la plupart du temps été garanties par des monnaies différentes.

Comme nous l'avons vu, la plupart des monnaies complémentaires sont créées pour remplir une fonction bien précise. Il n'existe à l'heure actuelle aucune monnaie complémentaire véritablement capable de remplir les trois fonctions classiques de la monnaie. Cela ne veut pas dire pour autant que ce ne sera jamais le cas : comme nous l'avons vu dans le chapitre 4, une monnaie complémentaire est tout à fait en mesure de remplir ces trois fonctions, pour peu que l'on combine plusieurs systèmes remplissant chacun une fonction différente.

La monnaie comme unité de compte

La première des fonctions classiques de la monnaie est de fixer la valeur des choses. C'est grâce à la monnaie, comme unité de compte, que l'on peut comparer la valeur d'une pomme et d'une poire. Aucune monnaie complémentaire n'a pour l'heure l'ambition de jouer ce rôle : en effet, elles laissent aux monnaies conventionnelles le monopole en la matière. De fait, la plupart des monnaies complémentaires se fondent sur les valeurs fixées par les monnaies nationales. L'abandon du système de Bretton Woods en 1971 ayant supprimé l'étalon-or, certaines monnaies complémentaires peuvent jouer le rôle d'unité de compte dans les échanges internationaux : nous pensons notamment à la monnaie Terra[5]. À partir de ces considérations, on peut classer les différentes monnaies en fonction de la manière dont elles remplissent la fonction d'unité de compte.

Monnaies conventionnelles et fonction d'unité de compte : la plupart des monnaies complémentaires que nous connaissons aujourd'hui utilisent la monnaie conventionnelle comme unité de compte. La monnaie choisie est bien entendue la monnaie du pays, mais on peut imaginer qu'il s'agisse de la monnaie d'un autre pays, si cela venait à poser problème. Ainsi, les monnaies complémentaires du système LETS utilisent la monnaie de leur pays. Mais on voit qu'en Amérique latine, dominée par le dollar, ou dans les pays de l'ex-Yougoslavie, où l'euro est de plus en plus uti-

5. voir www.terratrc.org

lisé comme unité de compte, l'unité de compte n'est pas nécessairement la monnaie du pays.

Le temps comme unité de compte : les monnaies complémentaires utilisant le temps comme unité de compte sont particulièrement populaires. Plusieurs systèmes dont il est question dans cet ouvrage, comme le Time-Dollar ou le système Fureai-Kippu, au Japon, fonctionnent sur ce principe, en comptant les minutes et les heures.

Les unités de compte concrètes : la forme la plus connue de monnaie complémentaire commerciale, les points miles des compagnies aériennes, utilise une unité de compte bien concrète. Il s'agit du nombre de miles parcourus lors d'un trajet. Mais on pourrait trouver de nombreux autres exemples, notamment au Japon. Ainsi, le système WAT utilise comme unité de compte le coût d'un kilowatt/heure d'électricité produite à partir d'énergies renouvelables (énergie éolienne, etc.). À Osaka, il existe aussi un système utilisant le charbon de bois comme unité de compte, sur le principe du système Wära qui a été introduit dans l'Allemagne des années 1920-1930. À Kobe et à Yokohama, le système Leafs permet d'échanger des produits de l'agriculture biologique. La monnaie Terra, une unité de compte transnationale dont il vient d'être question, se fonde sur un panier de matières premières et de services.

Bien entendu, chaque type d'unité de compte a ses avantages et ses inconvénients. Les monnaies complémentaires qui utilisent la monnaie nationale comme unité de compte gagnent plus facilement la confiance de leurs usagers. De plus, cela facilite les choses, et évite bien des conversions complexes d'une unité de compte à l'autre : combien douze œufs valent-ils en heures ? En tout état de cause, si la monnaie nationale est stable, comme le franc suisse, il y a tout lieu de se fonder sur elle pour assurer la fonction d'unité de compte. Si la monnaie n'est pas stable et connaît des perturbations et des dévaluations importantes – pensons à la dévaluation du rouble en 1998 –, la monnaie complémentaire en fera nécessairement les frais. C'est là le principal danger.

Les monnaies qui utilisent comme unité de compte le temps, qu'il s'agisse de minutes ou d'heures, sont particulièrement adaptés aux systèmes complémentaires destinés à organiser l'échange des services. L'un des inconvénients de ces unités de compte est qu'elles peuvent générer des malentendus. En effet, le temps n'a pas nécessairement la même valeur pour tous, et n'a pas la même valeur selon le service qui est rendu. Ainsi, on ne pourra pas empêcher un dentiste de demander plus pour une intervention qui nécessite des instruments et une formation coûteux. Il est donc assez difficile avec ce type d'unité de compte de fixer les prix: cela peut s'arranger si l'on fait en sorte qu'une heure corresponde, en monnaie conventionnelle, à une somme ronde. Dans le système Ithaca-Hour, par exemple, une heure vaut dix dollars. Le temps, comme unité de compte, présente ce grand avantage d'être totalement indifférent aux aléas de l'économie.

Les systèmes monétaires qui utilisent des unités de compte concrètes présentent les mêmes avantages et les mêmes inconvénients que les monnaies-temps.

L'argent comme moyen d'échange

Pour les monnaies qui ne remplissent pas la fonction d'unité de compte, ce qui est, comme nous venons de le voir, le cas de la plupart des monnaies complémentaires, l'accent est souvent mis sur la fonction de moyen d'échange : la monnaie facilite l'échange des biens et des services sur le marché. Comme nous l'avons déjà vu, chaque monnaie remplit cette fonction de manière plus ou moins efficace et pratique pour les usagers selon la forme qu'elle prend.

L'argent comme réserve de valeur

C'est la troisième fonction que la théorie classique associe à la monnaie. Il est préférable que cette monnaie ne remplisse pas cette fonction. En tout état de cause, il est intéressant de noter que, dans la plupart des cultures, et dans l'histoire, l'argent n'a que rarement rempli cette fonction. Le mot « capital », par exemple, vient du latin *caput*, qui signifie « tête ». Et cela nous renvoie directement aux têtes de bétail, permettant d'apprécier la richesse d'une personne. Chez Homère, comme chez les texans aujourd'hui, l'homme riche est celui qui possède un grand nombre de têtes. En Occident, du moins jusqu'au XVIIIe siècle, mais aussi dans l'Égypte antique, la réserve de valeur était la propriété foncière et les technologies d'exploitation agricole nécessaires à sa mise en valeur : les serfs, les systèmes d'irrigation, etc.

Quoi qu'il en soit, si l'on veut analyser et comprendre le rôle joué par une monnaie comme réserve de valeur, il est important d'analyser la relation de cette monnaie avec le temps.

La monnaie et les intérêts : un moyen efficace d'inciter les individus à l'épargne est de rémunérer leurs placements sous la forme d'intérêts. Dans ce cas, il existe une relation directe entre la durée du dépôt d'argent et les intérêts que l'on reçoit. C'est ainsi que fonctionnent tous les systèmes monétaires et bancaires conventionnels actuels : on dépose une certaine somme sur un compte et l'on reçoit, au bout d'une période donnée, les intérêts correspondants. Inversement, si l'on emprunte de l'argent, on paie des intérêts à son créancier. L'économie d'intérêts, qui consiste à donner une valeur au temps, a fait l'objet d'interdictions dans l'histoire de la plupart des sociétés de religions monothéistes. Aujourd'hui encore, dans bien des pays musulmans, les intérêts sont interdits. Même si la plupart des monnaies actuelles fonctionnent sur le principe de l'intérêt, on peut tout à fait imaginer des monnaies qui fonctionneraient autrement. C'est d'ailleurs le cas de la plupart des monnaies complémentaires, qui ne rémunèrent pas leurs usagers : les points miles et les coopératives de crédit fonctionnent d'une manière totalement différente. L'attribution d'un prêt dans ce genre de banques est possible sans que l'emprunteur ne paie d'intérêts. Et inversement, ses dépôts ne sont pas rémunérés, du moins pas sous la forme d'intérêts.

Monnaie et prime à la circulation : le contraire du taux d'intérêt est ce que l'on pourrait appeler ici la prime à la circulation de la monnaie. L'idée est ici de garantir une circulation maximale de la monnaie. Ici aussi, tout se joue sur le temps : si par exemple un usager conserve trop d'argent sur son compte, il est au bout d'une certaine période pénalisé et doit payer une certaine somme. Le principe est l'exact contraire du taux d'intérêt, qui a vocation à encourager les dépôts. Ici, c'est la circulation de la monnaie qui est favorisée. Le système Wära, dans l'Allemagne des années 1930, fonctionnait ainsi : la monnaie perdait de sa valeur si elle n'était pas remise en circulation rapidement. Un système de timbres et de vignettes collés sur les « billets » permettait de maintenir la valeur des « billets » en circulation. L'intérêt de ce système a notamment été reconnu valable en théorie par John Maynard Keynes, Irving Fisher et d'autres éminents économistes.

Monnaies valables sur une période limitée : il existe des monnaies dont la valeur n'est garantie que sur une période limitée, ce qui là encore est un moyen d'en garantir la circulation. Il existait au Moyen Âge ce que l'on appelait les *renovatio monetae* : les monnaies étaient mises en circulation tous les cinq ans par exemple, et au terme de cette période, étaient remplacées par de nouvelles monnaies. À ce moment-là, l'ancienne monnaie n'était que partiellement remplacée : quatre pfennig de l'ancienne monnaie ne valaient que trois pfennig dans la nouvelle monnaie, ce qui de fait correspondait à un impôt de 25 % ! Les bénéfices de ce système allaient au prince ou au seigneur qui émettait cette monnaie. On comprend que les usagers avaient tout intérêt à se débarrasser de leur ancienne monnaie avant la mise en circulation de la nouvelle. Ce système de garantie de circulation était très efficace. Une monnaie qui serait totalement périmée au terme d'une période donnée, et ne serait remplacée par aucune autre, représente l'extrême de perte de 100 % pour ceux qui la conserveraient.

L'un des avantages des intérêts est qu'elle génère d'importants revenus pour ceux qui créent la monnaie. L'inconvénient, et qui n'est pas des moindres, est que les intérêts sont à l'origine d'un transfert de la valeur des emprunteurs vers les possédants : les intérêts contribuent d'une manière certaine à la concentration du capital. De fait, l'économie d'intérêts a tendance à favoriser l'investissement sur l'argent lui-même. En outre, l'économie d'intérêts met l'accent sur les gains à court terme. Une monnaie sans intérêt, comme nous l'avons vu, présente cet avantage de favoriser la circulation de la monnaie. Ce genre de monnaie favorise les gains à long terme, puisqu'une bonne circulation de la monnaie garantit des gains importants qui peuvent être consacrés à l'investissement.

4. Classification des monnaies en fonction de la manière dont elles sont créées

Le processus de création de la monnaie est souvent mal connu. C'est pourtant un aspect essentiel. En effet, on peut observer que les monnaies complémentaires qui ont échoué ou connu des difficultés importantes – comme en Argentine le *credito* – étaient des monnaies « mal créées ». Il existe plusieurs manières de créer une monnaie.

Monnaie et convertibilité garantie : les monnaies les plus fortes sont celles dont la convertibilité est garantie à tout moment. Elles sont d'autant plus fortes qu'elles peuvent être entièrement converties en un bien matériel. Il y a eu tout au long de l'histoire des monnaies entièrement convertibles en matière premières, comme les céréales. La plupart des monnaies complémentaires actuelles sont normalement convertibles, soit en monnaie conventionnelle, soit en biens ou en services. Nos monnaies conventionnelles fonctionnent d'une manière assez proche : en effet, les banques n'accordent des prêts que contre un dépôt de garantie, qui permet d'assurer le remboursement de l'emprunt.

Cette garantie peut être, par exemple, une hypothèque. L'argent créé, c'est-à-dire prêté, repose donc en principe sur une valeur physique.

Prêt sans garanties: l'argent peut également être créé sous la forme de prêts, mais sans dépôt de garantie, si ce n'est la promesse de rembourser la somme un jour ou l'autre. Le système du crédit mutuel et des cercles d'échanges, dont il sera question plus loin, peut être rangé dans cette catégorie, dans la mesure où les participants prêtent de l'argent, du matériel ou des services sans avoir la certitude qu'on leur rende la pareille. Il existe également des systèmes plus centralisés où c'est une centrale qui prête sans garantie: nous pensons notamment au Bia Kud Kum en Thaïlande.

Monnaies achetables et échangeables: dans ce cas, on achète la monnaie en payant avec de la monnaie conventionnelle. Cette monnaie sert de moyen d'échange et peut être échangée sous certaines conditions contre de la monnaie nationale. Les *chiemgauer*, dont il a été question, peuvent être rangés dans cette catégorie.

Les monnaies d'entreprise: elles se rapprochent beaucoup des monnaies achetables, à ceci près qu'elles ne peuvent pas être échangées contre de la monnaie conventionnelle. On les reçoit gratuitement ou contre l'achat d'un produit donné, et l'on peut les échanger contre des réductions ou des cadeaux. La valeur des cadeaux auxquels on peut prétendre avec cette monnaie est souvent liée au volume de ce que l'on a consommé. Dans la plupart des cas, ces monnaies n'ont « cours » qu'entre l'entreprise et ses clients. Elles jouent un rôle important dans la fidélisation du client. Il existe aussi des monnaies d'entreprises fonctionnant sur ce principe, mais données automatiquement par l'entreprise à ses clients indépendamment du volume de consommation. Dans la plupart des cas, ces monnaies ne peuvent être « dépensées » que dans l'entreprise qui les émet. C'est ainsi que fonctionnent les points miles.

Le crédit mutuel: dans ce système, l'argent se crée directement dans l'échange des biens et des services entre les participants. Le réseau LETS et le Time-Dollar en sont deux très bons exemples. Si Julia fait pour le compte de James une prestation donnée qui lui prend une heure, une heure est créditée sur le compte Time-Dollar de Julia, et une heure est débitée sur le compte de James. L'argent s'est créé dans la rencontre et l'échange direct de services entre ces deux personnes. L'intérêt de ce système est d'être extrêmement souple et de s'autoréguler. L'argent se crée selon la disponibilité des participants. Un exemple très intéressant qui va dans ce sens, mais n'a malheureusement jamais été mis en pratique, est le système Bancor proposé par John Maynard Keynes pour le commerce international. L'idée était simple : inciter les pays à équilibrer leur balance commerciale à la fin de chaque année d'exercice, en taxant les excédents et les déficits. Ce système, par un mécanisme d'intéressement, permettait de réinjecter les excédents dans l'investissement.

Création de la monnaie par une entité centrale : l'un des processus de création monétaire les plus simples et les plus efficaces consiste à mettre en place une entité centrale donnant l'argent à tout ceux qui sont en droit de le recevoir. Ce mécanisme est souvent adopté dans les cas de réforme monétaire profonde, comme dans l'Allemagne de l'après Seconde Guerre mondiale. L'exemple le plus récent est le credito, en Argentine, au moment de la crise financière qu'a connue le pays au début des années 2000.

La plupart des systèmes se fondent sur plusieurs mécanismes de création monétaire différents. En Suisse, le réseau WIR combine par exemple le système du crédit mutuel et l'attribution de prêts avec dépôts de garanties. Dans tous les cas, chaque mécanisme de création monétaire a ses avantages et ses limites. Toute la difficulté dans ce domaine consiste à trouver le bon équilibre entre une création monétaire facile et peu onéreuse, et la garantie d'une monnaie fiable. Nous avons dans cette rubrique présenté les modes de création monétaire en partant des systèmes les plus compliqués pour aller vers les plus simples. Dans l'ordre de cette liste, il est important de noter que la capacité de la monnaie à susciter la confiance diminue. Les monnaies directement échangeables contre des biens, ou créées sur dépôt de garantie, sont considérées par les usagers comme les plus fiables. Il en va de même des monnaies complémentaires qui peuvent à tout moment être échangées contre de la monnaie conventionnelle.

La stabilité des monnaies d'entreprise dont il a été question dépend avant tout de la réputation de l'entreprise qui les émet. Le système de crédit mutuel, quant à lui, présente un avantage certain : sa souplesse. En effet, la masse monétaire créée correspond exactement aux besoins des usagers du système, puisqu'elle ne se crée que quand les usagers ont un besoin. De fait, le risque d'inflation est tout à fait exclu. C'est exactement sur ce principe que reposait le système Bancor proposé par Keynes. Car l'inflation est l'un des principaux problèmes résultant de l'attribution de prêts incontrôlés, sans garantie. Dans ce cas, comme dans le cas de la création de la monnaie par une entité centrale, il est important de contrôler avec une grande vigilance la masse monétaire en circulation, sans quoi la monnaie peut rapidement perdre de sa valeur et de sa crédibilité.

5. Classification des monnaies en fonction de leur mode de financement

Aucun système monétaire ne peut se maintenir sans travail. De même, tout système monétaire génère des coûts, notamment des coûts d'infrastructure et de fonctionnement. Certaines monnaies complémentaires se fondent sur des mécanismes d'autofinancement qui permettent de couvrir ces frais, d'autres pas.

Ceci étant, le fonctionnement d'un système monétaire complémentaire implique aussi l'investissement dans des équipements d'infrastructure comme les ordinateurs, les accès à internet, etc. Ces dépenses doivent être effectuées en monnaie conventionnelle afin de garantir un bon fonctionnement et de satisfaire correctement les besoins des usagers du système. Il est important de prendre ces aspects essentiels en considération, sans quoi le système monétaire périclitera rapidement. Les systèmes monétaires complémentaires n'échappent pas à la loi générale selon laquelle la satisfaction des usagers décroît progressivement. Il faut donc consentir à certaines dépenses pour entretenir cette satisfaction. Il faut dans cette optique s'interroger sur la part respective des dépenses de fonctionnement qui doivent être réalisées en monnaie conventionnelle et en monnaie complémentaire. En tout état de cause, dans les premières étapes du projet, une somme de chaque monnaie doit être toujours disponible pour faire face aux coûts de fonctionnement. Il faut ensuite s'interroger sur la manière dont le système peut couvrir ses frais de fonctionnement. Sur ce point, les possibilités sont à vrai dire assez réduites :

Aucun financement supplémentaire : certains systèmes, dont les membres sont tous placés sur un pied d'égalité, ne génèrent aucun coût, si bien qu'aucun mécanisme de financement supplémentaire n'est nécessaire. Les adhérents, par exemple, ne paient pas de cotisation d'adhésion. Le système WAT, au Japon, fonctionne de cette manière. Dans les autres systèmes monétaires complémentaires, cela n'est possible que si le projet reçoit un financement extérieur suffisant pour couvrir les dépenses nécessaires à son lancement.

Cotisations régulières : une deuxième possibilité consiste à exiger des adhérents le paiement d'une cotisation fixe et régulière, c'est-à-dire annuelle ou trimestrielle. Il peut également s'agir d'une cotisation payée uniquement le jour de l'adhésion. Dans certains cas, le montant de cette cotisation est différent selon le profil des usagers : les entreprises, par exemple, paient plus que les particuliers. Bien souvent, le montant de ces cotisations permet de couvrir les dépenses effectuées en monnaie conventionnelle pour garantir le fonctionnement du système.

Frais de transaction : il en existe de différentes sortes. Les frais de transaction peuvent être proportionnels à la valeur de la transaction effectuée, ou au contraire être fixes. Ces frais de transactions sont souvent perçus dans la monnaie dans laquelle la transaction a été effectuée.

Autres méthodes : nous avons évoqué plus haut différents procédés, comme les intérêts, les primes à la circulation et les dates de péremption d'une monnaie, qui génèrent, comme nous l'avons vu, des revenus – le plus souvent dans la monnaie dans laquelle les transactions ont été effectuées. Ces revenus permettent parfois de financer le fonctionnement du système.

Bien entendu, la plupart des systèmes combinent plusieurs de ces méthodes de financement. En tout état de cause, il est important de maintenir les coûts à leur niveau le plus bas. Si les dépenses en monnaie conventionnelle auxquelles le système doit faire face sont importants, on peut imaginer que le système connaîtra un jour ou l'autre des difficultés. Les dépenses en monnaie complémentaire sont plus faciles à contrôler, notamment dans les systèmes de crédit mutuel. Si d'autres mécanismes de financement doivent être choisis, on veillera à tenir compte des avantages et des inconvénients que nous avons évoqués. Quoi qu'il en soit, il est important que le procédé choisi soit respectueux des principes qui sont au fondement du système.

Nous voudrions tout de même souligner que le système qui consiste à « taxer » les transactions n'est pas nécessairement le meilleur, puisqu'il s'accompagne, comme on le comprend, d'effets dissuasifs sur le volume des transactions effectuées. Les cotisations d'adhésion ou annuelles, en comparaison, semblent plus intéressantes.

Table des matières

La Fondation Charles Léopold Mayer pour le progrès de l'Homme (www.fph.ch) est une fondation indépendante de droit suisse créée en 1982. Les revenus annuels du patrimoine légué par son fondateur Charles Léopold Mayer sont mobilisés pour contribuer à l'émergence d'une communauté mondiale et au développement de nouvelles pratiques citoyennes susceptibles de répondre aux grands défis de ce début de siècle. Trois de ces défis sont plus particulièrement au cœur des actions qu'elle mène et soutient avec des partenaires du monde entier: celui de *systèmes de gouvernance* à repenser et à réformer, du niveau local au niveau mondial; celui d'une *éthique* toujours à construire, qui concerne non seulement les droits mais aussi les responsabilités des êtres humains et s'applique à tous les milieux (scientifiques, économiques, académiques, médiatiques...); enfin celui d'une *nouvelle vision de l'économie*, visant au renouvellement des modes de production, de consommation et d'échange. Les modes d'action de la Fondation sont diversifiés: *promouvoir des idées et des propositions* (par l'édition, la mise en débat d'une charte des Responsabilités humaines, l'alimentation de sites ressources Internet, l'organisation de rencontres internationales, etc.); appuyer l'émergence d'*alliances citoyennes internationales* (alliances d'habitants, d'organisations rurales, d'ONG, de juristes, de chercheurs...); enfin promouvoir des *méthodes d'échange*, *de réflexion collective* et de structuration de l'information.

Les Éditions Charles Léopold Mayer (www.eclm.fr) sont constituées depuis 1995 sous la forme d'une association à but non lucratif (loi 1901). Elles éditent des livres de témoignages, d'analyse et de propositions sur les nouvelles démarches et les nouvelles actions citoyennes qui se développent aujourd'hui tant au niveau local qu'à celui d'une société mondialisée en quête d'alternatives et d'idées. Le soutien de la Fondation Charles Léopold Mayer leur permet de tenter de jouer un rôle pionnier dans des domaines encore peu connus mais susceptibles de le devenir, comme ce fut le cas, il y a une dizaine d'années, lorsque les Éditions ont entrepris de publier sur le commerce équitable, la gestion municipale participative, l'économie solidaire, les réseaux paysans au Sud, etc. Environ 500 ouvrages ont été publiés depuis la création des éditions, essais, « dossiers pour un débat », « cahiers de propositions », etc., dont la moitié sont encore au catalogue aujourd'hui. Ils sont distribués en librairie. En outre, ils sont téléchargeables librement. Certains livres, enfin, sont coédités avec des éditeurs francophones des pays du Sud, dans le cadre de *l'Alliance des éditeurs indépendants pour une autre mondialisation* (www.alliance-editeurs.fr) dont les Éditions Charles Léopold Mayer sont membre.

Vous pouvez vous procurer les ouvrages des Éditions Charles Léopold Mayer en librairie.

Notre catalogue comprend environ 300 titres sur les thèmes suivants :

Économie, solidarité, emploi
Gouvernance
Relations sciences et société
Agricultures et organisations paysannes
Dialogue interculturel
Communication citoyenne
Construction de la paix
Écologie, environnement
Prospective, valeurs, mondialisation
Histoires de vie
Méthodologies pour l'action

Pour obtenir le catalogue des Éditions Charles Léopold Mayer, envoyez vos coordonnées par mél à diffusion@eclm.fr ou par courrier à :
Éditions Charles Léopold Mayer
38 rue Saint-Sabin
75011 Paris (France)

Achevé d'imprimer en décembre 2008
sur les presses de la Nouvelle Imprimerie Laballery
58500 Clamecy
Dépôt légal : décembre 2008
Numéro d'impression : 812116

Imprimé en France

La Nouvelle Imprimerie Laballery est titulaire de la marque Imprim'Vert®